AF884501

LA "CONSTITUCIÓN" MARROQUÍ DE 2011: ANÁLISIS CRÍTICO

CARLOS RUIZ MIGUEL

LA "CONSTITUCIÓN" MARROQUÍ DE 2011: ANÁLISIS CRÍTICO

DYKINSON

Todos los derechos reservados. Ni la totalidad ni parte de este libro, incluido el diseño de la cubierta, puede reproducirse o transmitirse por ningún procedimiento electrónico o mecánico. Cualquier forma de reproducción, distribución, comunicación pública o transformación de esta obra solo puede ser realizada con la autorización de sus titulares, salvo excepción prevista por la ley. Diríjase a CEDRO (Centro Español de Derechos Reprográficos, www.cedro.org) si necesita fotocopiar o escanear algún fragmento de esta obra.

© Copyright by
Carlos Ruiz Miguel
Madrid

Editorial DYKINSON, S.L. Meléndez Valdés, 61 - 28015 Madrid
Teléfono (+34) 91 544 28 46 - (+34) 91 544 28 69
e-mail: info@dykinson.com
http://www.dykinson.es
http://www.dykinson.com

Consejo editorial véase www.dykinson.com/quienessomos

ISBN: 978-84-15454-62-5
Depósito Legal: M-6027-2012

Maquetación:
Balaguer Valdivia, S.L. - german.balaguer@gmail.com

A Yolanda

ÍNDICE

I. ANTECEDENTES HISTÓRICOS

I.1. LOS PROYECTOS PRIVADOS ANTERIORES AL PROTECTORADO

I.1.A. A comienzos del siglo XX aparecieron al menos tres proyectos privados de "Constitución" en Marruecos. A este respecto, se citan la memoria constitucional de Abdellah Bensaíd, de1901, la de Al Hash Ali Ben Ahmed Zniber, tras la conferencia de Algeciras de 1906 y otra memoria anónima aparecida en 1907[1].

I.1.B. Se suele considerar como primer antecedente constitucional de Marruecos el llamado "proyecto de 11 de octubre de 1908"[2]. Sin embargo, la realidad es que estamos ante un proyecto puramente privado, como los anteriores, inspirado en la memoria de 1907[3] y que fue rechazado sin contemplaciones por el sultán persiguiendo a sus promotores.

En 1908, un grupo anónimo de redactores decidió presentar al sultán marroquí Mulay Hafid, un proyecto de Constitución, de 93 artículos, a través de las páginas del semanario tangerino en lengua árabe "*Lissan Al Magrib*"[4]. La publicación estaba dirigida por los libaneses hermanos Nemmour que presta-

---

1 Driss Basri, "Evolution constitutionnelle au Maroc depuis 1962", en Driss Basri, Michel Rousset y Georges Vedel (dirs.), *Trente années de vie constitutionnelle au Maroc. Édification d'un État moderne*, Librerie générale de droit et de jurisprudence, París, 1993, p. 75 ss. (p. 75).

2 Sobre el proyecto de 1908 véase Basri, op.cit., p. 75-77; y Kawtar Ben cheikh y M. Bouaziz, "La Constitution de 1908", *Le Journal Hebdomadaire* nº 280 (2 -8 Diciembre 2006).

3 Basri, *op. cit.*, p. 77.

4 El texto se halla reproducido en Basri, Rousset y Vedel, *op. cit.*, p. 631-642.

ron su apoyo a la iniciativa al publicar el proyecto. La revista incluyó varios artículos destinados a justificar la decisión de publicar este proyecto. Entre las razones que se adelantaban se encontraban las de que con esta "Constitución" se tenía la esperanza de salvar a Marruecos del abismo en el que estaba hundido por causa del despotismo y la ignorancia. Además consideraban que la adopción de esta "Constitución" era algo urgente y conveniente, y se decía que el soberano no podía rehusar por más tiempo a su pueblo los beneficios de un texto constitucional que le garantizaría a éste la libertad de pensamiento y que le convertiría en apto para reformar su patria a semejanza de lo que ocurría en todos los países civilizados.

Aunque la literatura marroquí ensalza el proyecto por su supuesto carácter avanzado, esto debe ser relativizado. Pudiera ser avanzado si se lo compara con la situación existente en el momento de su aparición. Introducía el concepto de "Estado" (desconocido en Marruecos), además de ideas como la de Igualdad ante la ley (en particular en materia de impuestos), libertades fundamentales (incluyendo la prohibición de castigos corporales), libertad de culto... Pero el proyecto mantenía aspectos esenciales de la tradición. Así, el sultán era considerado como "príncipe de los creyentes" y su poder seguía siendo absoluto, pues ninguna decisión del Consejo de Ministros o del pseudo-parlamento llamado "Consejo consultivo" o la "Asamblea deliberativa" podía ser válida sin su aprobación. Por otro lado, el "Consejo de Notables" (art. 54) entre otras cosas tenía como misión garantizar que la legislación no fuera contraria al corán.

El proyecto de 1908 no resultaba original pues estaba claramente inspirado en la llamada "Constitución" del Imperio otomano de 23 de diciembre de 1906.

El sultán no toleró que sus poderes pudieran ser reducidos o incluso cuestionados. Por ellos, su reacción fue contundente: no sólo declaró inadmisible el proyecto, sino que además decretó la prohibición del semanario y ordenó la expulsión de Marruecos de sus propietarios[5].

---

[5] Resulta, en consecuencia, una deformación de la realidad la opinión de Chekrad para quien este proyecto "por desgracia" "no vio la luz y se quedó en papel mojado cuando pocos años después Marruecos cayó bajo el régimen del protectorado". Opinión esta sobre el Proyecto de 1908 que, además, oculta que este texto era un mero proyecto privado. Cfr. Mohamed Chekrad, "La Corona

La situación de Marruecos, sin embargo, era de una extrema inestabilidad. El país se hallaba dividido entre el territorio bajo el control del sultán y su majzén (*Bled majzén*) y el territorio que, habiendo sido controlado en algún momento por el majzén, sin embargo, se hallaba en constante rebelión contra el sultán y, en muchas ocasiones incluso pretendía su independencia (*bled siba*). Este territorio rebelde se encontraba tanto al norte (Rif, principalmente) como al sur (región bereber del río Nun) del país. Francia, por razones geopolíticas (básicamente, crear una tenaza contra España) estaba deseosa de que Marruecos no se desmembrara. La idea era compartida por ciertos sectores políticos españoles (lo que podríamos llamar el "proto-lobby pro marroquí en España"). El resultado es que en 1912, Francia y España suscribieron un tratado internacional mediante el que Marruecos se convertía en protectorado, quedando la parte mayor, más fértil y más pacífica bajo la tutela francesa y quedando la parte menor, menos fértil y más belicosa (el Rif y la Yebala) bajo la tutela de España. El tratado de 1912 sirvió igualmente para asignar a Marruecos aun cuando fuera como territorio "protegido" por España, la región norte del Sahara Occidental, con capital en Tarfaya (Villa Bens). Este territorio, entre el río Draa y el paralelo 27'40°, que no había sido antes marroquí, quedó así desmembrado jurídicamente del Sahara Occidental para pasar a ser considerado como la "zona sur" del protectorado español en Marruecos. Desde 1912, por tanto, la frontera entre Marruecos y el Sahara Occidental quedó fijada en el paralelo 27'40°.

I.2. LAS CARTAS OTORGADAS A PARTIR DE LA CONCESIÓN DE INDEPENDENCIA EN 1956

I.2.A. La independencia de 1956: una teocracia absolutista sin Constitución

La independencia marroquí se obtuvo básicamente en dos fases: primero fue Francia quien concedió unilateralmente la independencia, en febrero de 1956, al territorio marroquí que se hallaba bajo su protectorado. Y dos meses después, fue España quien concedió la independencia al territorio del norte de

---

en la Constitución y su papel en el sistema Político Marroquí", *Cuestiones Constitucionales* nº 57 (2006), p. 77 y ss. (pp. 84-85).

Marruecos que se hallaba bajo su protectorado[6]. Más tarde, en abril de 1958, y a través de un acuerdo internacional nunca publicado en el Boletín Oficial del Estado, España cedió a Marruecos la llamada "zona sur del protectorado"[7], un territorio situado entre el río Draa y la frontera de Marruecos con el Sahara Occidental que, pese a que nunca había sido marroquí[8], fue atribuido indirectamente a Marruecos, por presión de Francia, en el acuerdo de 1912 que establecía el sometimiento de Marruecos a un protectorado hispano-francés. Más tarde, en 1969, España retrocedió a Marruecos el territorio de Ifni previamente cedido por Marruecos a España[9]. Así quedaba concluida la descolonización de Marruecos en sus fronteras internacionalmente reconocidas.

El hecho es que cuando Marruecos accede a la independencia en 1956[10] se restablece, con matices, el régimen anterior al establecimiento del protectorado en 1912. Por un lado, se restablece la monarquía absoluta (que tiene todo el poder ejecutivo, legislativo y judicial) teocrática. Pero además, por otro lado, la colonización francesa dejó una estructura administrativa centralizada que no existía en la etapa anterior al protectorado[11] y la colonización española

---

6 Declaración conjunta hispano-marroquí de 7 de abril de 1956 (*Aranzadi* nº 299). Aún hay autores, como Saint-Prot, que siguen manteniendo que en Marruecos no había un protectorado hispano-francés, sino que Francia había reconocido a España un "sub-protectorado". Cfr., Charles de Saint-Prot, "État, territoire et développement politiquea au Maroc", en Charles Saint-Prot. Ahmed Bouachik y Fréderic Rouvillois (dirs.), *Vers un modèle marocain de régionalisation*, CNRS, Paris, 2010, p. 15 ss (p. 26). También Chekrad (*op. cit.*, p. 85) habla de "protectorado francés", en vez de franco-español. La tesis fue defendida antes de la independencia maroquí por varios autores franceses. Pero resulta ya indefendible, salvo que se adopte una posición claramente sesgada, defender esa posición después de 1956. Porque si esa tesis fuera cierta, cuando Francia (supuesto protector único) dio la independencia a Marruecos en su zona, automáticamente se habría tenido que conceder la independencia también a la zona marroquí bajo protectorado español. Lo que, de acuerdo con los hechos, no fue el caso.

7 Carlos Ruiz Miguel, *El Sahara Occidental y España. Historia, política y Derecho*, Dykinson, Madrid, 1995, p. 60.

8 Así se desprende de lo establecido en el dictamen del Tribunal Internacional de Justicia sobre el Sahara Occidental (párrafos 96 & 120), Cfr. International Court of Justice [ICJ]. 1975. *Western Sahara, Advisory Opinion*. The Hague, Netherlands: International Court of Justice.

9 Convenio de 4 de enero de 1969, ratificado por Instrumento de la Jefatura del Estado de 30 de abril sobre retrocesión de Ifni a Marruecos (*Aranzadi*, nº 1053).

10 Chekrad, siguiendo la "reescritura" de la historia hecha por Mohamed VI, dice que Marruecos accede a la independencia en 1955 (*op. cit.*, p. 86, nota 14).

11 Por ello, a mi juicio, es completamente desacertada la opinión de Chekrad, según la cual el protectorado "supuso una oportunidad perdida para la modernización institucional de Marruecos" (*op. cit.*, p. 86).

dejó bajo el control del sultán territorios (*bled majzen*) que anteriormente se hallaban en situación de rebeldía permanente y cuasi-independencia de facto (el llamado *bled siba*)[12].

En conclusión: tras 1956 la monarquía marroquí tenía aún más poder que antes de 1912.

El rey Mohamed V proclamó en varias ocasiones, tanto antes de la independencia (1955)[13], como después (noviembre de 1958, noviembre de 1960) su intención de proceder a una "constitucionalización y democratización" de su régimen[14]. La realidad, sin embargo, es que tales promesas nunca se cumplieron.

Rousset, autor de tesis siempre complacientes con el majzén, alega que de noviembre de 1955 a marzo de 1961, Mohamed VI "no tuvo tiempo de formalizar su concepción de la monarquía constitucional", pero que la práctica política de ese período está llena de "enseñanzas" sobre esa concepción. Entre esas "enseñanzas" de lo que, según Rousset, era el modelo de Monarquía "constitucional" de Mohamed V, menciona estas: "el rey gobierna con ayuda de ministros; los elige del seno de las fuerzas políticas que a él le parece que representan las diferentes corrientes de opinión. De la misma manera consulta a aquellos que a él le parecen representativos de las grandes tendencias políticas y de los sectores esenciales de la actividad nacional"[15]. No puede extrañar, leyendo lo anterior, que Rousset califique a este modelo como "monarquía templada"[16].

Frente a la retórica de este modelo, la realidad era otra. En primer lugar, la legislación ordinaria impulsada por Mohamed V era notoriamente retrógrada. El caso más ilustrativo es el del "Código del Estatuto Personal" (o *Mudawana*

---

[12] Creo que falta a la verdad un autor (que, por lo demás se caracteriza por defender siempre las posiciones oficiales del gobierno marroquí) que habla de "la leyenda de la oposición Bled makhzen-Bled siba" para concluir, contra los datos históricos probados por el tribunal internacional de justicia que el Sahara Occidental era "bled siba", pues el TIJ dejó muy claro que el Sahara Occidental no sólo no estaba bajo control efectivo del poder del sultán marroquí sino que tampoco reconocía su autoridad religioso-temporal. Cfr.Saint-Prot, "État, territoire et développement politique au Maroc", cit., p. 20 y 24.

[13] Maurice Torrelli, "Le pouvoir royal dans la Constitution", en Basri, Rousset y Vedel (coords.), *op. cit.,* p. 107 ss. (p. 132).

[14] Paul Chambergeat, "Le referéndum constitutionnel du 7 Décembre 1962 au Maroc", *Annuaire de l'Afrique du Nord*, 1962, p. 167 ss, (p. 168) ; Basri, *op. cit.,* p. 78.

[15] Michel Rousset, *Le Royaume du Maroc*, Berger-Levrault, París, 1978, p. 38.

[16] Rousset, *Le Royaume…, cit.,* p. 61.

ahwal shajsía) de 1956-1957[17]. En segundo lugar, es necesario mencionar que en aquellos años, algunos de los partidos reclamaban la convocatoria de una asamblea constituyente y, por tanto, democrática, para vertebrar la vida política marroquí. Y, en tercer lugar, es oportuno recordar que ya desde un primer momento la monarquía mostró cual era el tratamiento ante la disidencia política respecto al régimen. Mohamed V, aliado con el partido nacionalista *Istiqlal*, de inspiración arabista e islamista, decidió reprimir con la violencia las protestas contra la política de arabización que se habían suscitado en la región del Rif, de población bereber y que había sido colonizada por España. La represión, dirigida en persona por el príncipe heredero Hassán II, que mandaba las fuerzas armadas, fue extremadamente sangrienta[18].

Para afianzarse en el poder, Mohamed V decidió pactar con el partido arabista e islamista "*Istiqlal*" de Allal el Fassi. Este partido tenía como programa político la "recuperación" del llamado "Gran Marruecos" que coincide con el territorio africano del Imperio almorávide y, por tanto, abarca el oeste del territorio argelino, Ceuta, Melilla, lo que era el territorio de Ifni, todo el Sahara Occidental, toda Mauritania, parte del territorio noroccidental de Mali (Tombuctú) y parte de Senegal (San Luis). Conviene, a este respecto llamar la atención sobre tres ideas: la primera es que los almorávides son una dinastía mauritana, no marroquí; la segunda es que no hay continuidad jurídica entre las dinastías que han reinado en el territorio de lo que hoy es Marruecos; la tercera es que el "Gran Marruecos", por razones inexplicadas, pero fáciles de entender hacía una memoria "selectiva" del Imperio almorávide porque excluía de ese territorio que había que "recuperar" el territorio que el Imperio almorávide poseía en la península ibérica, la mitad meridional de España y de Portugal.

En este contexto, Marruecos inició oficiosamente su primera aventura militar expansionista apoyando en 1957 una guerra que un "ejército de liberación"

[17] Sin embargo, incluso aquí se encuentran voces que avalan a la monarquía marroquí. Florence Jean dice que la *Mudawana* de Mohamed V contenía respecto a la mujer algunas disposiciones más favorables que las del derecho musulmán tradicional que se aplicaba hasta entonces. Cfr., Florence Jean, "Le nouveau code de famille marocain", en Cara, Rouvillois y Saint-Prot, *Le Maroc en marche*, cit., p. 141 ss. (p. 141).

[18] María Concepción Ybarra, "La rebelión del Rif (1958-1959)", *Espacio, Tiempo y Forma*, t. 10 (1997), p. 333 ss. Chekrad se refiere a esta brutal represión con estas palabras: "Mohamed V... contuvo los movimientos de disidencia" (*op. cit.*, p. 87, nota 16).

desencadenó contra España y Francia para "liberar" Ifni, el Sahara Occidental y Mauritania. El resultado de esa operación es que España cedió a Marruecos el 1 de abril de 1958, la llamada "zona sur del protectorado", esto es, la región saharaui con capital en Tarfaya o Villa Bens que el tratado hispano-francés de 1912 desmembró del Sahara Occidental para vincularla a Marruecos[19]. A cambio, Marruecos se comprometía a cesar o dejar de apoyar las operaciones del "ejército de liberación" en el Sahara Occidental y en Ifni.

I.2.B. La "Constitución" de 1962: las constantes de la teocracia absolutista "constitucional"

Tuvieron que pasar seis años después de la independencia, el **7 de diciembre de 1962**[20], para que se aprobara el primer texto "constitucional", ya con Hassán II en el poder después de que el 28 de febrero de 1961 Mohamed V muriera en extrañas circunstancias. El texto, presentado por el rey a referéndum, obtuvo un apoyo del 97'50% de votos, con una participación oficialmente declarada del 85% de los marroquíes incluidos en el censo[21] (figura que no se corresponde con la de los marroquíes adultos en edad de votar), es decir, que oficialmente votó sí el 80'10% del cuerpo electoral[22]. El texto es en realidad una carta otorgada por el monarca que no establece una separación de poderes ni una garantía de los derechos. Tan es así que algún autor considera que la "Constitución" de 1962 ¡es aún menos moderna que el proyecto de 1908[23]!

La "Constitución" de 1962 es el texto más importante de la historia reciente de Marruecos desde un punto de vista jurídico-político porque va a marcar ciertas constantes que se encontrarán desde entonces en el régimen marroquí. Se trata de constantes "constitucionales" y constantes políticas.

---

19 Ruiz Miguel, *El Sahara Occidental y España, cit.*, p. 41 y 60-61.

20 Promulgada por dahir de 14 diciembre 1962, "*Bulletin Officiel*" n° 2616 de 19 diciembre 1962, p. 1773-1777. El texto se halla reproducido en Basri, Rousset y Vedel, *op. cit.*, p. 643-656.

21 Chambergeat, *op. cit.*, p. 191.

22 Chambergeat, *ibidem.*

23 Kawtar Ben cheikh y M. Bouaziz., *op. cit.*

I.2.B.a. Las constantes "constitucionales"

Son cuatro, a mi juicio, las constantes "constitucionales" del régimen marroquí: a) un proceso "constituyente" impulsado y protagonizado por el rey; b) un proceso referendario sin credibilidad; c) la centralidad absoluta de la figura del rey; y d) la consagración constitucional del expansionismo marroquí.

a) En primer lugar, desde 1962 se va a seguir el mismo proceso "constituyente" consistente en que es el propio rey quien designa a una comisión de "expertos" que, siguiendo sus instrucciones, elabora un proyecto de "Constitución" o de reforma de la misma que el rey somete luego a "referéndum". Nunca estos proyectos fueron elaborados por una asamblea elegida por el pueblo. Antes de la aprobación de esta primera "Constitución" algunos partidos reclamaban una asamblea constituyente. Este dato es tanto más llamativo cuanto que diversos textos "constitucionales" marroquíes atribuían la iniciativa de reforma también al Parlamento. La pretensión de convocar una asamblea constituyente fue rechazada por el entorno del rey. Así, el influyente miembro del gabinete real, Mohamed Reda Guedira, dijo, textualmente que una asamblea constituyente es imposible porque, por definición, tendría el poder supremo y "en Marruecos, sólo el rey tiene el poder supremo"[24]. Así lo afirma el "Kronjurist" Abdelatif Menuni, "el poder real, único e inicial, es originario. Lejos de resultar de la puesta en marcha de la estructura constitucional, es, al contrario, debido a su legitimidad intrínseca y a su posteridad histórica, el inspirador y el arquitecto de la Constitución, tanto de la primera de 1962, como de la última de 1992"[25]. Estas afirmaciones dejan al desnudo las declaraciones del propio Hassán II que dijo haber pretendido instaurar en Marruecos, como había pretendido su padre, "un régimen democrático y una monarquía constitucional"[26].

b) En segundo lugar, el texto será sometido a un "referéndum" de dudosa credibilidad. Los referenda celebrados en Marruecos se caracterizan por estas notas: 1) presentación pública del texto apenas unos días antes de la votación

---

[24] Citado por Torelli, p. 122-123 y por Ignace Dalle, *Hassan II, entre tradition et absolutisme*, Fayard, Paris, 2011, p. 555.

[25] Abdeltif Menouni, "Constitution et séparation des pouvoirs", en Basri, Rousset y Vedel, *op. cit.*, p. 175 ss. (p. 182).

[26] Hassan II, *Le défi*, Albin Michel, París, 1976, p. 79.

(se presentó el 18 de noviembre para votarlo el 7 de diciembre), sin que haya tiempo para una población mayoritariamente analfabeta de conocer lo que vota; 2) falta de libertad y de igualdad para la campaña de los partidarios del "no", incluyendo la activa promoción del sí por todas las administraciones civiles y los sermones de los imanes (pagados por el gobierno) en todas las mezquitas; 3) sospechosamente elevadas cifras de participación; y 4) resultados escandalosos a favor del "sí"[27]. En vísperas de la campaña del referéndum de 1962, el 16 de noviembre, Mehdi Ben Barka, líder del partido de la oposición, Unión Nacional de Fuerzas Populares (UNFP) que preconizaba la abstención, sufrió un extraño accidente que algunos consideran un intento de asesinato[28].

c) En tercer lugar, en todos los textos la figura central es el rey. Ya en este texto de 1962 aparece el famoso "artículo 19" que subsistirá a lo largo de todas las reformas existentes y que sólo cambiará de numeración en la carta otorgada de 2011. Este artículo 19 dice:

> *"El Rey, príncipe de los creyentes, símbolo de la unidad de la nación, garante de la perennidad y de la continuidad del Estado, vela por el respeto del islam y de la Constitución. Es el protector de los derechos y libertades de los ciudadanos, grupos sociales y colectividades.*
>
> *Garantiza la independencia de la nación y la integridad territorial del reino en sus fronteras auténticas."*

El artículo 19 es la auténtica "Constitución" marroquí. Como reconoce un autor marroquí, el jefe del Estado no solo tiene el poder temporal, sino también un poder espiritual en cuanto "príncipe de los creyentes (musulmanes)". Según el artículo 19 de la "Constitución" marroquí, esta cualidad religiosa pone al rey "por encima de las instituciones y del ordenamiento jurídico, incluida la propia Constitución". Esta situación ha llevado al rey a rechazar el principio de separación de poderes (incluso aunque esté recogido en la Constitución) y a limitar la soberanía de la nación en tanto que el rey está investido del poder por voluntad divina. El rey se ve a sí mismo como el titular legítimo de todos

---

[27] Chambergeat, *op. cit.*, *in toto*.

[28] Chambergeat, *op. cit.* p. 181. Sin embargo, Chekrad despacha la abstención preconizada por la UNFP como debida a "razones de equilibrio político interno y de principio" (*op. cit.*, p. 88)..

los poderes que puede monopolizar o en cuyo ejercicio pueden implicarse sus subordinados. Esta "concepción teocrática del poder tiene importantes consecuencias para las demás instituciones políticas de Marruecos". Para entender esto, "no debemos atender a la Constitución escrita, que solo es una pantalla, sino a las declaraciones mediante las cuales el rey define su papel"[29].

El hecho es que, ya desde esta "Constitución" es el rey quien posee todo el poder ejecutivo, quien tiene el poder legislativo o el supralegislativo (mediante "*dahir*" o decreto real) y quien controla al poder judicial. El rey preside el consejo de ministros, nombra al primer ministro y a los ministros (arts. 24 y 25). El rey se reserva el veto sobre las leyes y puede disolver el parlamento (arts. 26 y 27). Y el rey nombra a los jueces y preside el consejo de la magistratura (arts. 33, 84 y 86).

d) La última y singular constante del régimen marroquí es la consagración constitucional del expansionismo territorial marroquí en abierto desafío de la legalidad internacional. El artículo 19 de la "Constitución" establece que el rey "garantiza la independencia de la nación y la integridad territorial del reino en sus fronteras auténticas". La expresión "fronteras auténticas", que no "internacionalmente reconocidas", es una alusión al "Gran Marruecos". El artículo 19, por tanto, impone a Marruecos el deber de desestabilizar las relaciones internacionales con todos sus vecinos. Y, en efecto, desde su independencia Marruecos ha mantenido guerras con España, con Argelia, con el Sahara Occidental y ha reivindicado Mauritania, pequeñas partes de cuyo territorio se ha apoderado con la construcción del muro divisor del Sahara Occidental.

Aunque es evidente que las pretensiones expansionistas marroquíes violan la legalidad internacional y que, de acuerdo con ésta los territorios reclamados no forman parte de su "integridad territorial", no deja de haber voces de docentes de Derecho que llegan a avalar esto. Así, Jean-Yves Cara, profesor de la Facultad de Derecho de la Universidad René Descartes llega a decir, textualmente que "las reivindicaciones territoriales formuladas por el rey Mohamed V y luego por el rey Hassán II habían revelado la sensibilidad del reino jerifiano por su integridad territorial. Ésta se manifestó aún más cla-

[29] Omar Bendourou, "Power and Opposition in Morocco" en *Journal of Democracy* 7.3 (1996) 108 ss. (110-111).

ramente en los problemas fronterizos y con ocasión de la guerra de las arenas que le opusieron a Argelia"[30].

I.2.B.b. Las constantes políticas del régimen

El período que se inicia en 1962 va también a confirmar otra serie de constantes, de carácter político, que ya asomaron desde la independencia y van a caracterizar el régimen: a) no faltarán nunca voces en el exterior avalando la "democracia", el "Estado de derecho" o las "reformas" del régimen; b) la constante represión de la disidencia respecto del régimen; y c) la utilización del expansionismo territorial en el exterior para intentar superar las disidencias internas.

a) A partir de 1963 encontraremos un fenómeno que se convertirá en una constante, a saber, la aparición de voces de profesores de países occidentales que cooperarán con el régimen alauita, bien redactando por encargo sus textos "constitucionales", bien avalando el carácter "democrático" de cada texto presentado. Es cierto que Mohamed V no prestó demasiada atención al cultivo de su imagen en el exterior; pero Hassán II será muy consciente de esa necesidad[31]. Quizás los dos primeros profesores cómplices de la tiranía alauita han sido Maurice Duverger y Michel Rousset. Duverger colaboró, junto a Ahmed Reda Guedira (consejero de Hassán II) en la redacción de la "Constitución" de 1962[32]. En cuanto a Rousset, no ha cesado hasta el día de hoy[33] de avalar la teocracia absolutista alauita que violaba sistemáticamente los derechos humanos. Este autor ya en 1963 se atrevió a afirmar que "las reglas del juego democrático están establecidas: su respeto constituye, en definitiva, la condición de su éxito"[34]. Aunque quizá más asombroso sea como, conociendo todo lo que ocurrió en esos años, califica en 1978 este período

---

[30] Jean-Yves Cara, "Le Roi, garant de l'unité du Maroc", en Jean-Yves Cara, Frédéric Rouvillois y Charles Saint-Prot, *Le Maroc en marche. Le développement politique, social et économique du Maroc*, CNRS, París, 2009, p. 49 ss. (p. 55).

[31] Dalle, *Hassan II,* cit., p. 555.

[32] Dalle, *Hassan II,* cit., p. 551.

[33] En fecha tan reciente como marzo de 2011, sigue afirmando que el artículo 19 es un artículo "intangible" que consagra la "voluntad democrática" del monarca. Cfr. Entrevista a Michel Rousset, "Tout est modifiable, sauf l'article 19", *Maroc Hebdo* nº 924 (18-III-2011), p. 23-24.

[34] Michel Rousset, "Le régime politique de la Monarchie marocaine", *Révue du Ministère des Affaires Étrangères*, mayo de 1963, p. 13.

brutal, con la aséptica denominación de "monarquía exclusiva"[35]. Bien es cierto que de 1962 a 1966 fue profesor de la Facultad de Derecho de Rabat[36], puesto que no tuvo problemas en ejercer pese a la brutal represión del régimen en esos años ni al estado de excepción declarado por Hassan II.

b) Un fenómeno que se ya se había producido con Mohamed V, pero que se consolidó con Hassán II tras la entrada en vigor de la "Constitución", y que será otra de las constantes del régimen marroquí, es la continuada y amplia política de persecución de los disidentes. Como se ha dicho, en 1958, bajo el reinado de Mohamed V, se aplastó de forma extremadamente sangrienta una revuelta en el Rif. El mismo año también se aplastó una revuelta de los saharauis que vivían en la región de Tarfaya, después de que dicha región (la "zona sur del protectorado" español en Marruecos) fue transferida a Marruecos el 1 de abril de 1958.

Al año siguiente se celebraron las primeras elecciones el 17 de mayo de 1963. La UNFP, que había reclamado la abstención en el referéndum de 1962 fue boicoteada. Y cuando los diputados supuestamente electos aún no habían tomado posesión de su escaño, todos los miembros del comité ejecutivo de la UNFP fueron detenidos, torturados y condenados a muerte. Sin embargo, el secretario general del partido, Ben Barka, huyó antes de ser detenido y se refugió en Francia.

El 23 de marzo de 1965 se produjo una ola de manifestaciones populares de protesta contra el régimen que fueron sangrientamente reprimidas. A día de hoy no hay cifras exactas. Alguna publicación privada marroquí habla de "cientos" de muertos[37] y oficialmente se habla de "50" muertos[38]. Los derechos que nominalmente aparecían en la "Constitución" fueron formalmente suspendidos con la declaración del estado de excepción el 7 de junio de 1965 que dio el comienzo "formal" a la era conocida como los "años de plomo" en la que se produjeron gravísimas, masivas y sistemáticas violaciones de derechos humanos.

---

[35] Rousset, *Le Royaume*..., cit., p. 65.

[36] El curriculum de Michel Rousset se puede consultar en VV.AA., *Indépendance nationale et système juridique au Mauroc. En hommage au Professeur Michel Rousset*, Presses Universitaires de Grénoble, Grénoble, 2000, p. 5 ss. Creo oportuno mencionar que el libro de homenaje a Rousset se publicó "Bajo el alto patronazgo de: Monsieur Jacques Chirac, presidente de la Repúbica, Su Majestad Mohamed VI, rey de Marruecos".

[37] Abdeslam Kadiri, "Histoire. Casablanca, le 23 mars 1965", *Tel Quel* nº 169 (2006).

[38] Así lo declara el Informe Final de la "Instancia Equidad y Reconciliación" sobre los llamados "años de plomo" de la época de Hassán II. Cfr. http://www.ier.ma/article.php3?id_article=1441

La represión contra la oposición dio un salto cualitativo cuando Ben Barka, el líder de la oposición, fue secuestrado, torturado y asesinado en París el 29 de octubre de 1965, por los servicios secretos marroquíes con la complicidad del Estado francés[39].

Esta represión, ordenada por quien según la "Constitución" era el "*el protector de los derechos y libertades de los ciudadanos, grupos sociales y colectividades*" ha sido oficialmente reconocida en el reinado de Mohamed VI, quien creó la llamada "Instancia Equidad y Reconciliación" que finalmente publicó un "Informe Final" que ofrece un balance global de las graves violaciones de los derechos humanos registradas en Marruecos durante el periodo que va desde 1956 hasta 1999, así como un análisis de sus diferentes contextos, además de una serie de recomendaciones en este ámbito.

c) Finalmente nos encontraremos otra constante: la utilización de las pretensiones expansionistas en el exterior para ahogar o superar la disidencia interna. El fenómeno que ya apareció en el reinado de Mohamed V, va a acentuarse con Hassán II.

El primer paso en esa dirección fue el negarse a reconocer la independencia de Mauritania, otorgada por Francia en 1960. Aunque esta política expansionista respecto a Mauritania la inició Mohamed V, Hassán II la acentuó en estos años y no será hasta 1970 cuando Marruecos reconozca oficialmente la independencia de Mauritania por más que algunos responsables marroquíes y varios medios de comunicación oficiales sigan manteniendo la reivindicación sobre Mauritania.

Inmediatamente después de la aprobación de la "Constitución" de 1962, con el doble fin de "superar" la disidencia interna contra el régimen y, al mismo tiempo, distraer la atención de la misma, el régimen alauita emprenderá su primera aventura expansionista. Se trata de la guerra contra la Argelia recién independizada, conocida como "guerra de las arenas" de octubre de 1963. Aunque los datos históricos y cartográficos al respecto son contundentes y desautorizan las pretensiones marroquíes, como ya se ha dicho, el mapa del "Gran Marruecos" abarca los territorios occidentales de Argelia que habían formado parte del imperio almorávide. Hassán II, tras la aprobación de la "Constitución" de 1962 y tras encarcelar y condenar a muerte a los dirigentes

[39] Rousset no habla de tortura ni de asesinato, sino de "desaparición trágica" (Rousset, *Le Royaume*..., cit., p. 51).

del principal grupo opositor decidió atacar a Argelia para "recuperar" los territorios que el ideólogo del nacionalismo marroquí, Allal el Fassi, consideraba como "históricamente" marroquíes. La guerra se concluyó sin que Marruecos obtuviera sus pretensiones.

I.2.C. La reforma inconstitucional de 1970

Hassán II llevó a cabo una operación de imagen para "reformar" el sistema, aunque más precisamente habría que decir que para "reforzar" el sistema. Dijo en su discurso de 8 de julio de 1970, "*queremos poner fin al estado de excepción que no podría ser una regla general y presentar el nuevo proyecto de Constitución que será sometido a referéndum*"[40]. Este es el origen de la "reforma constitucional" que, como la de 1962, fue sometida a referéndum celebrado el **20 de marzo de 1970**[41], obteniendo una aprobación del 98'70% de los sufragios con una supuesta participación, según los datos oficiales, del 93'20% de los electores.

Esta es la primera "reforma constitucional" que se aprobó en Marruecos. Y lo primero que debe indicarse es que esta "reforma" se redactó y presentó unilateralmente por el rey (una de las constantes que aparecerán desde 1962), a pesar de que ello suponía una flagrante violación del título XI de la anterior "Constitución" (los artículos 104 a 107) que establecía que la iniciativa de reforma correspondía al primer ministro y al parlamento, y que el proyecto de reforma debía ser votado en el parlamento, sin que fuera legalmente admisible decir que la iniciativa se hizo en el marco de los poderes de excepción que ostentaba el rey desde 1965 pues, según el artículo 35 de la propia "Constitución" esos poderes eran para restituir la normalidad… no para abolirla[42].

Los cambios que introduce este texto no son radicales, pero acentúan aún más el carácter formalmente autocrático del régimen. En primer lugar, este

---

[40] Cit. por Basri, *op. cit.* p. 85.

[41] Promulgada por dahir n°1-70-177 de 31 julio 1970, "*Bulletin Officiel*" n°3013 de 1 de agosto de 1970, p. 1106-1110. El texto se halla reproducido en Rousset, *Le Royaume…*, cit., p. 91-99; y en Basri, Rousset y Vedel, *op. cit.*, p. 657-670.

[42] Jean Dupont, "Constitutionalisaton et consultations populaires au Maroc", *Annuaire de l'Afrique du Nord*, 1970, p. 163 ss, p. 175.

texto refuerza ¡aún más! la figura del rey añadiendo en el artículo 19 el atributo de "representante supremo de la Nación". En segundo lugar, el texto de 1970 sustrae la potestad reglamentaria al gobierno (que el rey preside) para dárselo al propio rey en persona. Por otro lado, el decorativo parlamento bicameral de 1962 queda transformado en unicameral en 1970, y de sus 240 miembros sólo 90 serán, supuestamente, elegidos por sufragio universal. Finalmente, y para evitar "problemas" se establece que la iniciativa de reforma es del rey que puede someterla a referéndum.

Nuevamente en 1970 algunos profesores se atrevieron a avalar la operación. Entre esas voces, merece la pena recordar la del prestigioso politólogo Maurice Duverger que, habiendo redactado la "Constitución" de 1962, dijo que la "Constitución" de 1970 reemplazaba la arbitrariedad "por un Estado de Derecho"[43]. Rousset, por su parte, dice nada más y nada menos que a partir de 1971 se inicia un proceso de "apertura"[44]. Para entender las palabras de Rousset parece muy conveniente recordar que Hassán II le nombró, de 1968 a 1972 (un período de represión brutal) director de la Escuela Nacional de Administración de Rabat y que en 1972 el tirano le distinguió como "oficial del wissam alauita", la condecoración con que la dinastía alauita premia a sus amigos[45]. Finalmente, Jacques Robert, se hace varias preguntas como qué formas políticas convienen más a un país como Marruecos que no es Inglaterra ni Francia, o por qué no se va a poder establecer en Marruecos una democracia por vías diferentes a las practicadas en Occidente, y, finalmente, un tanto contradictoriamente con lo anterior se pregunta si acaso no ha querido el pueblo marroquí la figura del rey tal y como se configura en esta "Constitución"[46].

Aunque no es menos cierto que hubo voces que no abandonaron su compromiso con la verdad, como es el caso de Dupont, que afirmó que la "Constitución" de 1970 era un hito en el proceso de concentración de todo el poder en manos del rey que a su juicio comienza con la represión de 1965[47]. Dupont es claro al decir que en las circunstancias presentes en Marruecos en

---

[43] Maurice Duverger, "La seconde Constitution marocaine", *Le Monde* (01-Séptembre-1970).

[44] Rousset, *Le Royaume...*, cit., p. 71.

[45] VV.AA., *Indépendance nationale et système juridique au Maroc*, cit.,p. 5.

[46] Jacques Robert, "La Constitution marocaine du 31 juillet 1970", *Maghreb*, nº 41 (septiembre-octubre 1970), p. 29 ss. (p. 38).

[47] Dupont, *op. cit.*, p. 163.

1970 el referéndum era una doble ficción: una ficción jurídica y una ficción democrática, pues a pesar de la terminología pseudo-constitucional todo el poder pertenecía al "príncipe de los creyentes"[48]. Por lo demás el referéndum, sigue diciendo Dupont, estuvo completamente falseado por la presión de las autoridades que, entre otras cosas, impidieron a dos millones de personas (casi un tercio del teórico cuerpo electoral) participar[49].

La realidad del régimen, sin embargo era la de la represión sistemática y brutal de la disidencia política. Es más, las "elecciones" de agosto de 1970 fueron boicoteadas por todos los partidos excepto el "Movimiento Popular".

I.2.D. La nueva "Constitución" de 1972

El texto exasperó de tal forma a los marroquíes sometidos al régimen que, a pesar de las alabanzas de Duverger, hubo necesidad de aparentar sustituirlo. El 10 de julio de 1971 se produjo un intento de asesinato de Hassán II que acabó con una matanza de la que fueron víctima los conjurados[50]. El rey anunció, en un discurso de 17 de febrero de 1972, que iba a cambiar el texto "constitucional" para, supuestamente, reforzar dos líneas políticas: por un lado, introduciendo un reparto de los recursos nacionales "conforme al socialismo definido por el islam" y por otro, instaurando "una justicia equitativa"[51]. La "nueva Constitución" fue sometida a referéndum el **15 de marzo de 1972**[52] obteniendo el 98'70 % de síes, con una participación oficialmente declarada del 92'90% de la población[53]. El detalle de la votación[54] ofrece datos de credibilidad más que dudosa. Así, por ejemplo, en la región del Rif, que se levantó contra Mohamed V en 1958 y que fue aplastada sangrientamente (hubo miles de muertos) por el príncipe Hassán

---

[48] Dupont, *op. cit.* 164.

[49] Dupont, *op. cit.*, p. 187.

[50] Mohamed Saadi, *Le dificile chemin des droits de l'homme au Maroc. Un déni de réconnaissance*, L'Harmatan, París, 2009., p. 15.

[51] Cit. por Basri, *op. cit.*, p. 89.

[52] Promulgada por dahir n°1-72-061 de 10 marzo de 1972, "*Bulletion Officiel*" n° 3098 de 15 de marzo de 1972, p. 456- 460. El texto se puede consultar en "Documents Maroc" del *Annuaire de l'Afrique du Nord*,1972, p. 771 ss. (p. 778 ss.). También está reproducido por Basri, *op. cit.* p. 671-685.

[53] Basri, *op. cit.*, p. 90.

[54] Puede verse el detalle en "Documents Maroc", 1972, cit. p. 778.

(luego Hassán II) hasta el extremo de que Hassán no se atrevió a volver a pisarla durante su vida, se dice que hubo una participación del 96'6% y que de los votantes sólo un 0'04% (36 personas) votaron "no".

Formalmente es una "nueva Constitución" pues contiene una cláusula (el artículo 103) que deroga el texto de 1970. Pero la realidad es que mantiene gran parte del texto anterior, tanto su estructura, como el tenor de muchos de sus artículos.

Lo que Duverger calificó como "Estado de Derecho" estaba muy lejos de serlo. Y el hecho es que el nuevo texto, aunque sólo fuera formalmente, reduce las competencias del rey ampliando, nominalmente, las del gobierno... que seguía estando presidido y dominado por el rey. El "parlamento" vuelve a ser bicameral. Por lo demás, el texto "constitucional" de 1972 ignora completamente las "regiones", a pesar de que se crearon por el *dahir* de 16 de junio de 1971[55]. Ese *dahir* define la región como "un conjunto de provincias qu desde los planos geográfico, económico y social, mantienen o son susceptibles de mantener relaciones que puedan estimular su desarrollo y, de este modo, justifiquen un tratamiento de conjunto".

Eso sí, el texto volvió a ser saludado (otra de las constantes) como un paso democratizador. Tanto desde voces del interior de Marruecos como del exterior.

En el interior, Basri considera que la "Constitución" de 1972 es "un factor esencial para la puesta en marcha de la edificación de un Estado moderno que ha llevado al pueblo marroquí hacia la madurez democrática". Basri llega a decir que Marruecos es "uno de los primeros países del tercer mundo en dotarse de los instrumentos del Estado de Derecho, preocupado de la dignidad del hombre y atento a la evolución de su entorno". Y añade que ésta es "la Constitución de la apertura y de la unión de todas las fuerzas políticas alrededor de su majestad el rey para participar en el relanzamiento del proceso democrático y a la edificación de un Estado moderno".

En el exterior, Santucci afirmaba que "la nueva Constitución marca, en relación a la precedente, un cierto progreso en la vía hacia la democracia"[56].

---

[55] Dahir 1-71-77,de 16 de junio de 1971, sobre creación de las regiones, publicado en el Boletín Oficial nº 3060, de 23 de junio de 1971.

[56] Jean-Claude Santucci, "D'une constitution à l'autre le Maroc à la recherche de la démocratie", *Europe France Outremer* , nº 507 -508, abril-mayo 1972, p. 13-15.

Por su parte, Rousset afirma que el texto de 1972 "consagra el retorno de la inspiración liberal en el reparto de competencias", aludiendo a que ya el texto de 1962 era "liberal" en este sentido[57].

El hecho, sin embargo, es que el régimen mantuvo su naturaleza despótica. El 16 de agosto de 1972 se produce un nuevo intento de asesinato de Hassán II y éste decide huir hacia adelante por una doble vía: aumento de la represión en el interior e intensificación del expansionismo hacia el Sahara Occidental, territorio que en su mayor parte resultó ocupado por Marruecos a raíz de la invasión del Sahara Occidental comenzada el 6 de noviembre de 1975[58]. La represión en el interior será de tal magnitud que se extenderá a los parientes, a toda la familia del enemigo político perseguido, con independencia de edad o condición[59]. Será precisamente el largo conflicto del Sahara Occidental el que obligará a un paréntesis en esta "evolución constitucional" marroquí. Como se ha comentado, apenas tres años después de establecerse este texto, Marruecos invadió el Sahara Occidental desencadenando una brutal represión contra la población saharaui del territorio ocupado y una guerra contra los saharauis que se mantuvieron en el exilio o en el territorio del Sahara Occidental que Marruecos no consiguió ocupar. La guerra sirvió para distraer de la intensificación de la represión en el interior. Eso sí, para Rousset, la ocupación del Sahara Occidental permitió la "movilización total" de "todos" los individuos y de "todas" las fuerzas colectivas en torno al trono en una "asombrosa manifestación de unanimidad nacional"[60]. Naturalmente, Rousset no menciona que los individuos que no quisieron sumarse a esa "asombrosa manifestación de unanimidad nacional" fueron torturados y encarcelados y que la expresión de opiniones disidentes de esta "unanimidad" está castigada con penas de cárcel en el Código Penal. El caso más conocido de quienes fueron encarcelados y torturados por oponerse a la iniciativa de Hassán II en el Sahara Occidental fue el del opositor Abraham Serfaty y el partido *Ilal al-amam*. Rousset no

---

57 Michel Rousset, "La révission constitutionnelle", en Basri, Rousset y Vedel, *op. cit*, p. 301 ss. (p. 313).

58 La invasión del Sahara Occidental fue, para los defensores de las posiciones oficiales del gobierno marroquí una "recuperación de las provincias del sur",cfr. Saint-Prot, "État, territoire et développement politique au Maroc", *op. cit.*, p. 28.

59 Se puede mencionar los casos de las familias de Houcine Manuzi y del general Ufkir. Cfr. Saadi, *Le dificile chemin...* , cit., p. 16.

60 Rousset, *Le Royaume...*, cit. p. 39.

menciona estos datos[61], a pesar de que debiera conocerlos pues desde 1973 de forma ininterrumpida daba cursos en la Escuela Nacional de Administración Pública marroquí, en las Facultades de Derecho de Rabat y de Casablanca y, lo que es más grave aún, en la Escuela de Cuadros del Ministerio del Interior[62].

I.2.E. Las reformas de mayo de 1980

En 1980, se llevaron a cabo dos leves "reformas constitucionales" en Marruecos, sometidas por el rey a los partidos políticos el 29 de abril, anunciadas por el rey en su discurso de 13 de mayo y sometidas a sendos referéndums de **23 y 30 de mayo de 1980**.

El 23 de mayo se sometió a referéndum la modificación del artículo 21 de la "Constitución" para rebajar a los 16 años la edad para reinar y para designar como presidente del Consejo de Regencia al presidente del Tribunal Supremo. Dicho referéndum se aprobó con el 99'23% de los sufragios y con una supuesta participación, según los datos oficiales, del 94'46% de los electores inscritos[63].

El 30 de mayo se sometió también a referéndum la modificación de los artículos 43 y 95 estableciendo, respectivamente, un mandato parlamentario de seis años y un cambio en la composición de la sala de lo constitucional del Tribunal Supremo. La propuesta se aprobó por un 99'08% de los votos sobre una supuesta participación del 90'81% de los electores inscritos. Incluso un autor presto a avalar al régimen marroquí recuerda que los partidos de la "oposición" (la oposición legal, no la que estaba ilegalizada o encarcelada) denunciaron que el régimen ponía trabas a la celebración de sus mítines y a su libre expresión en la radio y televisión oficiales (y únicas) que sólo hacían campaña por el "sí"[64].

---

[61] De hecho, en su repaso sobre los partidos en Marruecos (Rousset, *Le Royaume,* cit., p. 39-54) ni siquiera menciona a *Illal-al-amam.*

[62] VV.AA., *En hommage au Professeur Michel Rousset*, cit., p. 6.

[63] Resultados oficiales proclamados por la Decisión nº 33, de 3 de junio de 1980, de la Sala de lo Constitucional del Tribunal Supremo, publicada en el "*Bulletin Officiel*" nº 3528 de 11 de junio de 1980.

[64] Jean-Claude Santucci, "Chronique politique-Maroc", *Annuaire de l'Afrique du Nord*, 1980, p. 555 ss., p. 564.

Nuevamente se habló de que el régimen se "liberalizaba". El mismo autor (Santucci) que en 1972 decía que se había dado "un cierto progreso en la vía hacia la democracia", en 1980 relataba la represión desencadenada después de 1973[65], para volver a decir que en 1980 se asistía a un proceso de "liberalización intensa" del régimen y que los referéndums sirvieron para reforzar el crédito personal del rey y el de su régimen[66].

La prueba de que el pueblo no estaba identificado con el régimen es que un año después de estos referéndums, se produjo un gravísimo levantamiento popular contra Hassán II en Casablanca el 20 de junio de 1981 ("revuelta del pan") que, según las cifras oficiales costó 114 muertos[67].

I.2.F. La reforma de 1989

La "Constitución" de 1982 volvió a ser nuevamente reformada por el mismo procedimiento en 1989. El 22 de noviembre de ese año el rey anunció la reforma en un discurso. El referéndum se celebró esta vez en un tiempo record: el **1 de diciembre de 1989**. El resultado, el esperado: 98'83% de participación y un 99'98% de síes. El objeto de la reforma era aplazar las elecciones al parlamento prorrogando dos años el mandato de los diputados[68].

Apenas un año después volvió a producirse una feroz represión tras el levantamiento popular de Fez del 14 al 16 de diciembre de 1990 que causó, según cifras oficiales, 112 muertos[69].

Pero un hecho nuevo va a influir en este proceso. Desde 1988 se produjeron unas negociaciones entre Marruecos y el Frente Polisario que desembocaron en la aceptación de principio por ambas partes de un "Plan de Arreglo" inspirado en las propuestas de la Organización para la Unidad Africana. En 1991 se concluyó la guerra del Sahara con el alto el fuego que entró en vigor el 6 de septiembre de 1991 tras la aceptación definitiva por Marruecos y el Frente

---

[65] Santucci, "Chronique…", 1980, cit., p. 561.

[66] Santucchi, "Chronique…", 1980, cit., p. 573 y 564.

[67] Informe Final de la Instancia Equidad y Reconciliación, citado *supra*.

[68] Jean-Philippe Bras, "Chronique marocaine", *Annuaire de l'Afrique du Nord*, 1989, p. 607 ss., p. 620.

[69] Informe Final de la Instancia Equidad y Reconciliación, citado *supra*.

Polisario del "Plan de Arreglo" para el conflicto del Sahara Occidental. Dicho plan, aprobado por el Consejo de Seguridad[70], preveía fundamentalmente dos puntos fundamentales: un alto el fuego y la celebración de un referéndum de autodeterminación en la colonia, que serían supervisados por la Misión de Naciones Unidas para el Referéndum en el Sahara Occidental (MINURSO), creada en 1991.

En este contexto, Hassán II aprobará la primera medida legal que, al menos aparentemente, intentará una "apertura" del régimen, aunque sólo fuera a efectos propagandísticos para recabar apoyo internacional en el intento de anexión de la colonia del Sahara Occidental. Mediante *dahir* de 24 de abril de 1990, Hassán II creó un "Consejo consultivo de derechos humanos", que expuso a sus súbditos en un discurso de 8 de mayo de 1990. El Consejo, cuyos miembros eran nombrados por el rey, tenía sólo competencias consultivas y a lo más que llegó es a proponer cambios en las leyes procesales.

I.2.G. La reforma de 1992

Mediante un discurso de 20 de agosto de 1992 Hassán II anunció una nueva reforma. El contexto era particularmente importante porque el "Plan de Arreglo" para el Sahara Occidental, aprobado un año por el Consejo de Seguridad de las Naciones Unidas, había establecido un referéndum de autodeterminación para el Sahara Occidental para septiembre de 1992, que fue, como se ha dicho, la contrapartida aceptada por los saharauis a cambio de poner fin a la guerra.

La "reforma constitucional" fue sometida también a referéndum el **4 de septiembre de 1992**[71]. Con una supuesta participación del 97'48%[72] se obtuvo un 99'95% de síes (para el conjunto de Marruecos y el territorio ocupado del Sahara Occidental donde se produjo "un sí unánime en nuestras provincias

[70] Resoluciones del Consejo de Seguridad 658, de 17 de junio de 1989, y 690, de 29 de abril de 1991.

[71] Promulgada por dahir n°1-92-155 de 09 octubre de 1992, "*Bulletin Officiel*" n° 4173 de 21 octubre 1992, p. 420-428. Texto también reproducido en Jean-Claude Santucci "Maroc. Chronique intérieure", en *Annuaire de l'Afrique du Nord*, 1992, p. 835 ss. (p. 868 ss.). También reproducida por Basri, *op. cit.*, p. 687-702.

[72] El dato de participación no consta oficialmente. La Decisión de la Sala Constitucional del Tribunal Supremo no informa sobre los datos de participación. Tomamos este dato de Mohammed Boudarham y Fahd Iraqi, "Histoire. La "démocratie", mon fils", *Tel Quel*, n°. 478 (18-VI-2011).

saharianas”). La cifra, incluyendo los votos de los emigrantes, que por primera vez pudieron votar (247.423 síes contra 5.324 noes), arroja un total de 99’91% de síes[73]. Esto significa que, frente al referéndum que pensaban organizar las Naciones Unidas, Hassán II organizó su propio referéndum en el Sahara ocupado para avalar la anexión. Ese era en realidad el objetivo fundamental de esta “reforma”: buscar una excusa para hacer un referéndum en el Sahara Occidental ocupado con el que intentar avalar la anexión. No obstante no fueron sólo las “provincias saharianas” las únicas en votar en un 100% por el sí, pues en 39 de las 60 provincias y prefecturas del reino también el sí obtuvo el 100% de los votos.

Las novedades del texto de 1992 eran básicamente las siguientes: la introducción de un “Consejo Constitucional” para realizar el control de la constitucionalidad de las leyes sustituyendo a la “Sala de lo constitucional” del Tribunal Supremo; el establecimiento de un “Consejo Económico y Social” (un órgano aún más inoperante en Marruecos de lo que ya lo es en muchos países occidentales en los que existe); y la introducción de la “región” entre las “colectividades locales” previstas en el art. 94.

La realidad, nuevamente, contrasta con las palabras. El Consejo Constitucional previsto se creó finalmente dos años después, en 1994. En sus primeros 11 años de vida dictó 9 decisiones sobre constitucionalidad de las leyes. La “región” fue creada mediante una ley de 1997, aunque la concreción no ha debido ser muy exitosa cuando desde 2006 Mohamed VI dice promover un nuevo modelo de “regionalización avanzada”. Finalmente, el “Consejo Económico y Social”, órgano consultivo de dudosa utilidad, se creó ¡19 años después! en febrero de 2011[74].

A pesar de que no era difícil, para un análisis objetivo, estimar que las novedades “constitucionales” eran previsiones vacías, la aprobación de la re-

---

[73] Basri, *op. cit.* p. 96. (Basri, sin embargo arroja la cifra de “97’97%”; otras cifras arrojan “sólo” un 99’98% de síes). Los resultados oficiales se publicaron por la decisión nº 241 de la Sala Constitucional del Tribunal Supremo (“*Bulletin Officiel*”, nº 4173, de 21 de octubre de 1992, p. 432-433. Ahora bien, en esa proclamación oficial de los resultados no se da ni el número de inscritos ni el de votos nulos o en blanco.

[74] Discurso de Mohamed VI de 21 de febrero de 2011, con ocasión del establecimiento del Consejo Económico y Social.

forma de 1992 fue nuevamente celebrada como "un paso hacia la democracia", tanto por individuos del interior como del exterior de Marruecos.

En el interior de Marruecos se dijo que suponía "la consagración del Estado de Derecho", la "consolidación de la monarquía constitucional parlamentaria"[75], la de la "afirmación de los derechos humanos"[76] para concluir que "con las nuevas disposiciones introducidas en la Constitución de 1992, la monarquía constitucional marroquí se halla a partir de ahora asimilada a las grandes democracias parlamentarias. En todo caso, esta monarquía constitucional tal y como es concebida por el genio del Soberano, es específicamente marroquí, resultante de un feliz matrimonio entre un arsenal constitucional moderno y una tradición democrática secular. Por eso se expone a un muro de incomprensión por parte de ciertos comentaristas extranjeros que, ante su incapacidad para analizar y asimilar la especificidad constitucional de nuestro país, se contentan de ver pretenciosamente en ella una contradicción entre la tradición marroquí y los préstamos que ha hecho de las técnicas constitucionales modernas"[77].

En el exterior, podríamos citar las opiniones de Vedel y de Rousset. El primero ha realizado afirmaciones como éstas dos: "la Constitución marroquí y la Constitución francesa tienden, una y otra, en el marco del Estado de Derecho, a conciliar (...) la 'democracia gobernante' y la 'democracia deliberativa' mediante un reparto fuertemente estructurado de las competencias y de las prerrogativas de los órganos de los poderes públicos"[78]; y "la constitución marroquí –y ese es a nuestro juicio su valor esencial– comporta necesariamente a la vez instituciones comparables a las de otras naciones y que responden a necesidades que comparten todos los países que han elegido una democracia a la vez "gobernante" y "deliberante" e instituciones enraizadas en la historia"[79].

Rousset la calificó como "una etapa hacia la edificación de una monarquía parlamentaria marroquí". A su juicio, el texto de 1992 "permite una evolución del régimen que está sin duda lejos de la monarquía tutelar que algunos pre-

[75] Basri, *op. cit.*, p. 96.

[76] Basri, *op. cit.*, p. 101.

[77] Basri, *op. cit.*, p. 104.

[78] Georges Vedel, "Royaume du Maroc et République Française. Parallèle entre deux Constitutions",en Basri, Rousset y Vedel, *op. cit.*, p. 363 ss. (p. 365).

[79] Vedel, *op. cit.*, p. 390-391.

tenden; pero no hay que confundir evolución y precipitación; la revisión de 1992 conforta la vía abierta en 1962 y retomada en 1972, hacia una forma de parlamentarismo adaptado a la especificidad de la monarquía marroquí"[80].

Conviene saber que, según el curriculum de Rousset, éste junto a George Vedel fueron consejeros de Hassán II de 1986 a 1999, encargados por el tirano entre otras cosas de "privatizaciones, creación de tribunales administrativos" y de las "revisiones constitucionales de 1992 y 1996"[81].

I.2.H. La reforma de 1995

Tres años después, el rey Hassán II anunció en un discurso de 20 de agosto de 1995 que se iba a convocar un referéndum para modificar la Constitución y establecer que la ley de presupuestos no debiera votarse antes de abril ni después de octubre. El referéndum se celebró el día **15 de septiembre de 1995** con resultado positivo, naturalmente. Esta vez los datos oficiales establecieron una participación menor que en otras ocasiones (un 77'3%), aunque el número de síes de los que votaron seguía la tónica habitual (un 99'6%)[82].

En dicho discurso de 20 de agosto de 1995, sin embargo, también hizo otro anuncio que no se concretó en la reforma de septiembre de 1995. Hassán II anunció que iba a restaurar el sistema bicameral, en el que la segunda cámara dará a la "descentralización" su "verdadera significación". En el fondo de esta propuesta se hallaba, como es fácil de adivinar el intentar ganar tiempo en el conflicto del Sahara Occidental para procurar evitar el referéndum pactado por Marruecos y el Frente Polisario en el "Plan de Arreglo" y que fue aprobado por el Consejo de Seguridad.

I.2.I. La reforma de 1996: el conflicto del Sahara Occidental obliga a una apertura táctica y a la neutralización política de la oposición

Esa reforma anunciada en agosto de 1995, para establecer el bicameralismo, se concretó un año después. La "reforma constitucional" sometida

80 Rousset, "La révission constitutionnelle", cit. p. 322.

81 VV.AA., *En hommage au Professeur Michel Rousset*, cit., p. 6.

82 Mohamed Benhlal, "Maroc. Chronique intérieure", *Annuaire de l'Afrique du Nord*, 1995, p. 629 ss., p. 663.

a referéndum el **13 de septiembre de 1996**[83] obtuvo, como las anteriores, un apoyo supuestamente masivo. Según los datos oficiales votó a favor de la misma un 99'56% de los votantes con una participación del 83'95% de los electores. Ahora bien, según los datos oficiales[84], el número de electores inscritos era de 12.351.87, una cifra que parece lejana del número de adultos que podrían votar.

La "reforma constitucional" en su procedimiento de elaboración y en su contenido mantiene las constantes que hemos señalado. Como se dijo antes, fue elaborada bajo la dirección de Vedel y Rousset, pero en el equipo dirigido por ambos profesores franceses intervinieron algunos marroquíes, entre los cuales se encuentra Mohamed Moatassim, profesor marroquí que tendrá una intervención importante en la nueva "Constitución de 2011"[85]. Los cambios afectan a cuestiones que en la realidad, se han demostrado puramente retóricas o sin relevancia práctica. Por un lado, se restablece el modelo bicameral para el "parlamento" que se estableció en 1962 y que se suprimió en 1970. Además, en segundo lugar, aprovechando esta circunstancia, a partir de ese momento, la segunda Cámara (la de los "Consejeros") además de incluir a indivuos designados por los municipios y las provincias incorporará a sujetos designados por las "regiones".

A pesar de ello, como también hemos visto, otra de las constantes en el análisis de la situación jurídico-política en Marruecos es que no han faltado voces (especialmente en Francia) prestas a alabar el carácter supuestamente "reformista" y "pluralista" del régimen. Así, Cabanis y Martin hacen varias afirmaciones que resultan muy discutibles.

---

[83] Promulgada por dahir n°1-96-157 de 7 octubre de 1996, "*Bulletin Officiel*" n°4420 de 10 octubre 1996. Texto reproducido en Michel Louis Martin, *Les nouvelles Constitutions des pays francophones du sud. Textes et annalyses*, L'Hermès, Paris, 1998, p. 59 ss. Texto español reproducido y anotado por Mariano Daranas Peláez en *Revista de las Cortes Generales*, nº 62 (2004), p. 263-271.

[84] Los datos oficiales fueron publicados en la página web del Ministerio marroquí de la Comunicación en la dirección:

http://www.mincom.gov.ma/french/PRC/Resultat.html

Sin embargo, el enlace ya no está activo. De acuerdo con esos datos oficiales los resultados fueron: número de inscritos :12.351.871; Número de Votantes: 10.246.174; Tasa de Participación: 83.95%; Votos nulos: 31.639; Tasa de abstención: 17.05%; Votos válidos: 10.214.535.

[85] Driss Bennani et Mohammed Boudarham, "Mohamed Moâtassim. La Constitution (et la politique royale), c'est lui !", *Tel Quel*, nº. 482 (1-VII-2011).

En primer lugar, dicen que la monarquía marroquí es una "expresión moderna que suma los hábitos del multipartidismo que fueron en su tiempo casi único en África"[86]; sin embargo, por un lado, es dudoso calificar como "moderna" una monarquía donde el "besamanos" juega un papel central y, por otro, es difícil hablar de un "multipartidismo" real cuando todos los partidos obedecen las consignas del rey y aquel partido (como fue la UNFP) que no lo hace ve a su ejecutiva detenida, torturada y condenada a muerte. Por lo demás, no debiéramos olvidar que en varios Estados totalitarios comunistas también existió "multipartidismo": basta recordar a la Polonia comunista o a la República Democrática Alemana (RDA).

En segundo lugar, dice que "contra lo que podría entenderse a primera vista" la carta marroquí no evoca una "teocracia" porque según el art. 6 se garantiza a todos el ejercicio de cultos[87]. La realidad, sin embargo, es que el régimen lleva su naturaleza teocrática hasta el extremo de calificar al rey como "sagrado". Por lo demás, basta leer los informes del Departamento de Estado USA sobre libertad religiosa para constatar cómo el régimen ha expulsado a decenas de cristianos acusados de hacer "proselitismo".

En tercer lugar, estos autores dicen que el monarca en el texto de 1996 ha pretendido "mejorar el carácter democrático de la ley fundamental"[88] y añaden que a pesar de la "incontestable autoridad" del monarca la "constitución" es "muy pluralista"[89]. Esta afirmación presupone que el régimen anterior a 1996 ya era "democrático" aparte por supuesto de sostener que el que se instaura después de 1996 también lo era. Algo muy lejano de la realidad, si atendemos a la práctica constante del falseamiento de los procesos electorales y de las violaciones de derechos humanos.

Claro que al final de su estudio, Cabanis y Martin invitan a "no mostrarse demasiado críticos o demasiado amenazantes respecto a las clases dirigentes"[90] de estos países (en ese momento, el Marruecos de Hassán II, el Túnez de Ben Ali, ...).

---

86 André G. Cabanis y Michel Louis Martin, "Les lois fondamentales maghrebines: convergeance et mimétisme", en Michel Louis Martin, *op. cit.*, p. 11 ss. (p. 11).

87 Cabanis y Martin, *op. cit.*, p. 14.

88 Cabanis y Martin, *op. cit.*, p. 21.

89 Cabanis y Martin, *op. cit.*, p. 30.

90 Cabanis y Martin, *op. cit.*, p. 32.

La reforma de 1996, no aportaba, en su articulado ninguna apertura sustantiva en el sistema político. Sin embargo, aunque no había nada en el texto que llevara a una flexibilización del régimen, hubo circunstancias externas que incitaron a Hassán II a proceder a una apertura ya fuera "de facto" ya fuera "normativa" (aunque sin eficacia) del sistema. La circunstancia más importante fue el conflicto del Sahara Occidental. Como se ha dicho, las Naciones Unidas habían aprobado un "Plan de Arreglo" que era fruto de un acuerdo entre las dos partes en el conflicto del Sahara Occidental: Marruecos y el Sahara Occidental. Aquel plan preveía un referéndum de autodeterminación que Marruecos intentaba a toda costa evitar con numerosas dilaciones. Sin embargo, la posición marroquí quedó debilitada cuando el nuevo secretario general de la ONU, Kofi Annan, decidió crear una figura hasta entonces inexistente, la de "Enviado Personal del Secretario General para el Sahara Occidental", designando a tal efecto a un peso pesado: el ex-secretario de Estado norteamericano James Baker III. La presión sobre Hassán II era tan grande que, por primera vez en su reinado, se vio obligado a llevar a cabo una flexibilización del régimen, en algún punto puramente aparente y en otros puntos real (aunque escasa e insuficiente).

Desde el punto de vista normativo, será el 2 de abril de 1997 cuando se dicte un *dahir* promulgando una ley que pretenda dar contenido administrativo a las "regiones"[91] mencionadas por primera vez en 1992 en la "Constitución" (art. 94). Un decreto de 17 de abril de 1997, desarrollando esta ley fija el número de regiones (16), su nombre, su capital y su extensión territorial, así como el número de consejeros que se deben elegir en cada una. Las "regiones" se crearon, pero es un hecho que son entidades que no es que posean autonomía "política", es que ni siquiera gozan de autonomía "administrativa" en su acción. Las regiones cuentan con un consejo elegido por un mandato de seis años, pero todas las decisiones del mismo deben ser avaladas por el gobernador de la región, que también es el prefecto de la capital de la misma. El gobernador está nombrado por el ministro del Interior[92], el cual es uno de los ministros "de soberanía" que nombra libremente el rey.

---

[91] Ley nº 47-96, relativa a la organización de la región promulgada por dahir nº 1-97-84, de 2 de abril, publicada en el "*Bulletin Officiel*" nº 4470 de 3 de abril de 1997.

[92] Mohamed Boudarham, "Politique. À quoi sert la région?", *Tel Quel* nº 392.

También va a ser a partir de 1997 cuando aparezcan las primeras publicaciones independientes: *Demain* y *Assahifa* primero y *Le Journal Hebdomadaire* después.

Y será a partir de 1998 cuando, en una maniobra de extraordinaria astucia política, Hassán II ofreció el puesto de primer ministro a Abderrahmán Yussufi, líder del partido Unión de Fuerzas Socialistas Populares (USFP) heredero de la Unión Nacional de Fuerzas Populares (UNFP) que lideró el asesinado Ben Barka. El ofrecimiento era tanto más significativo cuanto que Yussufi fue compañero de Ben Barka en la UNFP y fue condenado a muerte por el propio Hassán II. El acceso de Yussufi al puesto de primer ministro el 14 de marzo de 1998 fue más efectivo contra él que la condena a muerte para neutralizarle políticamente. En efecto, Yussufi fue sí, primer ministro, pero sin poder efectivo, lo que hizo que su prestigio se perdiera, pues estando él en el gobierno no pudo dar solución a ninguno de los graves problemas del país: corrupción y pobreza. Si acaso, su única contribución, como se ha dicho, fue la de permitir una cierta apertura en el ámbito de la libertad de expresión.

II. EL CONTEXTO: MOHAMED VI, LA FRUSTRACIÓN DE UNA ESPERANZA

II.1. LAS ESPERANZAS SUSCITADAS TRAS LA MUERTE DE HASSÁN II

La llegada de Mohamed VI al trono marroquí, el 30 de julio de 1999, fue saludada como el anuncio de grandes cambios. Hassán II se había mantenido en el trono gracias a una política de terror que aplicó de forma sistemática ya desde que era príncipe heredero y jefe de las fuerzas armadas. La represión del Rif y de Tarfaya de 1958, la represión en Casablanca en 1965 y en los años subsiguientes con el estado de excepción, la represión tras los golpes de Estado frustrados de 1971 y 1972, la continuada represión en el Sahara Occidental ocupado después de 1975, la represión en Casablanca, nuevamente, en 1981, la represión en Fez en 1990, la creación de centros secretos de detención y torturas… Es más, aunque, como hemos visto, en los últimos años de su vida Hassán II ablandó ligeramente su régimen, el miedo no había desaparecido. Por eso, la muerte del tirano no pudo dejar de suscitar esperanzas sobre todo conociendo que el hijo, Mohamed VI, no sólo tenía un carácter profundamente diferente de su padre, sino que él mismo en su infancia y adolescencia sufrió la crueldad de su propio padre. Todo ello hizo que se suscitaran grandes esperanzas.

Sin embargo, las continuidades con el régimen de su padre pronto aparecieron. Mohamed VI ha organizado la política de su reinado mediante "anuncios" de medidas que iba presentando, como su padre, en diversos discursos. Estos discursos se pronunciaban a lo largo de unas fechas fijas anuales (el 30 de julio, aniversario de su ascensión al trono; 20 de agosto, aniversario de la "revolución del trono y del pueblo"; y el 6 de noviembre, aniversario de la invasión del Sahara Occidental) y otras ocasiones eventuales.

La realidad es que esos anuncios de políticas, o sólo a medias se tradujeron en hechos o quedaron en palabras vacías. Y, mientras tanto, la situación permaneció estable e incluso, en algunos aspectos, retrocedió respecto a los últimos años de Hassán II.

II.2. LAS SOBREVALORADAS Y NO CONSUMADAS REFORMAS LEGALES DE MOHAMED VI

En los años que van desde 1999 hasta 2011, se deben destacar dos reformas, de tipo no "constitucional" que, lamentablemente, no se completaron adecuadamente: una reforma para esclarecer las violaciones de derechos humanos durante el reinado de su padre y otra para modificar el estatuto personal de la mujer.

II.2.A. La "Instancia Equidad y Reconciliación" (2003-2005)

A pesar de que no faltaron, en vida de Hassán II, elogios a las "reformas" que hizo en su sistema, el hecho notorio es que su reinado se había caracterizado por una represión brutal. El cambio de rey, en un sistema absolutista, puede suponer un cambio completo de sistema. Por eso se suscitaron grandes esperanzas de cambio. Y esas esperanzas se centraban, mayormente, en el campo de los derechos humanos. De ahí que, al poco de llegar al trono, Mohamed VI reorganizara la "Comisión Consultiva de Derechos Humanos" que había creado su padre. Y así, en 2001, Mohamed VI dictó un *dahir*[93] ampliando sus funciones a la de promover "la cultura de los derechos humanos" y de examinar quejas por violaciones de derechos humanos, pudiendo recomendar medidas a las autoridades competentes. Una función propia de un "Ombudsman". Por esas fechas, Mohamed VI también promovió la

[93] Dahir 1-00-350 de 10 de abril de 2001, "*Bulletin Officiel*" nº 4926, de 16 de agosto de 2001.

creación de un Ombudsman, un "Defensor del Pueblo", llamado en árabe el "*Diwan al Madhalim*"[94].

Sin embargo, la eficacia práctica de este Consejo y del "Defensor" en la tarea de protección de los derechos humanos ha sido escasa. De hecho, el Consejo se ha convertido más en un órgano que defiende los "logros" del régimen que en un órgano que denuncia y frena sus abusos. Y en cuanto al "Defensor del Pueblo", han pasado varios años después de su creación oficial para que llegara a tener una sede y unos medios.

La Comisión Consultiva de los derechos Humanos no era, por tanto suficiente. Hacía falta algo más. Ese algo más que, sin duda, es el hecho más destacable del reinado de Mohamed VI es el anuncio hecho el 6 de noviembre de 2003, de la creación de una "Instancia Equidad y Reconciliación" (IER) para dilucidar los casos de violaciones de derechos humanos entre 1956 y 1999. La misión atribuida a la IER tiene, por ello, un valor innegable: es una confesión de parte de que ese régimen que algunos profesores europeos alababan, como se ha visto, había cometido, de forma continua y sistemática, las más graves violaciones de derechos humanos.

La IER se constituyó en abril de 2004, tras ser creado por un *dahir* (decreto real). Tras una serie de entrevistas con las víctimas de la represión, el 30 de noviembre de 2005, la IER presentó su informe final a Mohamed VI, cuyo texto íntegro sólo se encuentra en árabe (aunque el francés también es lengua oficial en Marruecos). Ese informe final reconocía una serie de víctimas y hacía varias recomendaciones. Sin embargo, aparte de la indemnización a las víctimas reconocidas por la IER, Mohamed VI no quiso dar cumplimiento a otras recomendaciones.

Las investigaciones de la IER no llevaron a la sanción de los responsables de los crímenes, oficialmente reconocidos. No sólo es que los responsables no hayan sido sancionados (no ya penalmente, sino ni siquiera políticamente), sino que la IER incluso permitió audiencias públicas de las víctimas con la condición de no identificar públicamente a los verdugos. Por otro lado, la IER no tenía competencias para sancionar la falta de cooperación con la misma de

---

[94] Discurso de Mohamed VI de 9 de diciembre de 2001. Dahir nº 1-01-298, de 9 de diciembre de 2001, "*Bulletin Officiel*" nº 4966, de 3 de enero de 2002.

algunos responsables de la administración y, por otro lado, no ha impedido que persistan las violaciones de derechos humanos[95].

No puede extrañar, por tanto, que Amnistía Internacional redactara un informe, en enero de 2010, titulado, muy significativamente "Promesas incumplidas: la Instancia Equidad y Reconciliación y el seguimiento de sus trabajos"[96].

El hecho de que algunos de los responsables de crímenes bajo Hassán II, hayan seguido (siguen) en sus puestos, adquiere aún mayor gravedad cuando se considera que sobre algunos de ellos pesa una orden internacional de búsqueda y captura por investigaciones abiertas en Francia y en España a propósito de algunos de esos crímenes. El caso más grave es el de Hosni Benslimán, que es, actualmente con Mohamed VI, el máximo responsable de la poderosa "*Gendarmerie*" (cuerpo policial militar) que se halla implicado en numerosos crímenes y violaciones de derechos humanos.

En Francia, el juez francés Patrick Ramael, mantiene abierto el caso por el asesinato en París en 1965 del líder opositor Ben Barka a manos de los servicios secretos marroquíes. Sus investigaciones le han llevado a solicitar vía interpol una orden de búsqueda y captura contra varios responsables marroquíes entre los que se encuentra Hosni Benslimán[97].

En España, el 14 de septiembre de 2006 se presentó una querella por el genocidio de saharauis, contra diversos responsables marroquíes. Esa querella fue admitida por el juzgado de Instrucción nº 5 de la Audiencia Nacional, mediante auto de 29 de octubre de 2007 que ordenó la apertura de Diligencias Previas con el Procedimiento Abreviado 362/2007. Entre los encausados se halla también Hosni Benslimán. El asunto tiene especial gravedad en España

---

95 Saadi, *Le difficile chemin...*, cit., p. 89 ss.

96 Amnesty International, *Promesses non tenues. L'»Instance Equité et Reconciliation » et le suivi de ses travaux. Extraits*, MDE 29/001/2010. Cfr.:

http://www.amnesty.org/en/library/asset/MDE29/001/2010/en/a6e82170-c5dc-4304-b18b-19-d00033f176/mde290012010fr.pdf. La versión francesa del informe es una síntesis de 20 páginas del informe completo original, en árabe, que contiene 100 páginas, *Al Uud adza-ih, "Hia al insaf ua al musaliha" ua mutabaa uumaliha*, Cfr.:

http://www.amnesty.org/en/library/asset/MDE29/001/2010/en/fa3edc0a-f1e8-4e75-8a48-5-f141afbf67c/mde290012010ara.pdf

97 Sobre la investigación del juez Ramael, cfr., Ali Amar, *Mohamed VI. Le grand malentendu*, Calmann-Lévy, París, 2009, p. 298 ss.

por dos razones. La primera es porque el gobierno de Rodríguez Zapatero otorgó a Hosni Benslimán la Gran Cruz de Isabel la Católica[98]; la segunda es porque, cuando ya existía una orden internacional de búsqueda y captura, contra él visitó oficialmente España y fue recibido por el entonces ministro de Interior Alfredo Pérez Rubalcaba.

III.2.B. La reforma de la "*Mudawana*" (2003)

Se suele destacar como aportación de Mohamed VI en estos años la reforma de la "*Mudawana*" o código de Estatuto personal familiar que introduce una mejora en la situación jurídica de la mujer. La "*Mudawana*" fue aprobada por Mohamed V siguiendo las prescripciones de la ley islámica y Hassán II introdujo leves reformas en la misma en 1993. El primer ministro Yussufi anunció su voluntad de modificarla en 1999, y si bien los partidarios de la reforma se manifestaron masivamente en Rabat el 12 de marzo de 2000, los islamistas lo hicieron en Casablanca de modo más numeroso, lo que llevó a paralizarla.

Tres años después, el 10 de octubre de 2003, Mohamed VI anunció un cambio profundo que fue aprobado por el parlamento en enero de 2004. Pero el contexto del anuncio de Mohamed VI, sin embargo, indica que fue inducido por el presidente francés, Jacques Chirac[99], en mi opinión para poder justificar el apoyo de Francia a Mohamed VI en el conflicto del Sahara Occidental. En efecto, llama la atención el contexto del anuncio de Mohamed VI. Jacques Chirac, presidente francés, realizó una importante visita oficial a Marruecos del 9 al 12 de octubre de 2003. Apenas dos meses antes, el 31 de julio de 2003, el Consejo de Seguridad de Naciones Unidas aprobó su resolución 1495 que

[98] Real Decreto 32/2005, de 14 de enero, por el que se concede la Gran Cruz de la Orden de Isabel la Católica al General Hosni Benslimane, Comandante de la Gendarmería Real del Reino de Marruecos. En la misma ocasión se otorgó idéntica condecoración a otra persona implicada en la represión: Real Decreto 34/2005, de 14 de enero, por el que se concede la Gran Cruz de la Orden de Isabel la Católica al General Hmidou Laanigri, Director General de la Seguridad Nacional del Reino de Marruecos que, si bien no perseguido penalmente en España, está señalado por varias organizaciones no gubernamentales como responsable de actos de violación de derechos humanos. Cfr. Ali Amar, *Mohamed VI. Le grand malentendu* , cit., p. 196-200 (sobre Benslimán) y p. 200-203 (sobre Laanigri).

[99] Esta es la tesis sostenida por Jean Pierre Tuquoi, *Majesté, je dois beaucoup à votre père...*, Albin Michel, París, 2006, p. 73-75. También la comparte Ali Amar, *Mohamed VI. Le grand malentendu*, cit., p. 88.

avalaba el "Plan Baker" como "solución política óptima" para el conflicto del Sahara Occidental. Marruecos, que se oponía a ese Plan, quedó en una situación muy incómoda, pues la resolución fue aprobada por unanimidad (con el voto de Francia, también, por tanto). Marruecos pretendía eludir la realización del referéndum de autodeterminación con la concesión de una "autonomía" al Sahara Occidental. En este contexto, Francia probablemente sugirió llevar a cabo una "operación de imagen" para mejorar la posición internacional de Marruecos y evitar la idea de que Marruecos tomaba una posición rígida en el conflicto del Sahara Occidental. Esa operación fue el anuncio de la reforma de la "*mudawana*", vendido como la "mayor revolución" habida nunca en Marruecos. No podía extrañar a nadie, por tanto, que al concluir su visita oficial, Chirac dijera que Francia apoyaba la posición de Marruecos en el conflicto del Sahara Occidental.

No obstante lo anterior, es preciso decir que esta reforma no fue ni novedosa ni efectiva. Aunque se quiso transmitir la idea de que Marruecos se ponía a la "vanguardia" de la "modernización" del mundo árabe lo cierto es que sus disposiciones no eran novedosas, pues Túnez y Líbano mantenían ya una legislación desde mucho antes, y en algún punto quedan por detrás, como en el caso de la poligamia, prohibida en Túnez pero permitida en Marruecos.

Pero más importante es decir que esta reforma no se aplica. Es un hecho que la ley tiene escasa aplicación práctica pues los jueces (que, no lo olvidemos, son nombrados por el rey y están sometidos al consejo de la magistratura que controla el rey) de orientación islamista-conservadora, impiden su aplicación con la anuencia de las autoridades[100]. Las denuncias de este hecho se encuentran en la propia prensa marroquí, incluso en la más oficialista. Estos son algunos datos reales:

1. Persistencia, y aun aumento, de los matrimonios poligámicos que la reforma pretendía impedir.

[100] Ahmed R. Benchemsi, "Espoir trahi", *Tel Quel* nº 408 (30-I-2010) ; cfr.: http://www.telquel-online.com/408/edito_408.shtml.

Benchemsi dice : "En cuanto a la Mudawana, se trata, ciertamente, de una reforma histórica, pero cuya aplicación sobre el terreno permanece, hoy en día, eminentemente problemática, y nada, estrictamente nada, se hace para remediarlo".

Si en 2008 eran el 0'27% de los matrimonios, tras haber bajado en el 2006, en 2009 subieron al 0'31%[101];

2. Siguen autorizándose matrimonios con mujeres menores de edad. Aunque la nueva ley establece una "prohibición general" de estos matrimonios, deja la puerta abierta a que los jueces los autoricen... sin fijar límite a la edad mínima. Pues bien, los jueces conceden el 85% de las autorizaciones para derogar la regla general, a veces para desposar niñas de 13 o 14 años[102].

3. En caso de divorcio, el reparto de bienes sigue sin ser equitativo entre los cónyuges. El artículo 49 de la nueva ley establece, ciertamente, que en caso de divorcio debe procederse a un reparto de los bienes del matrimonio sólo en el caso de que haya una capitulación matrimonial. Sin embargo, no sólo es que esté "socialmente mal visto" que una mujer solicite dicha capitulación (en 2006 sólo el 1% de los matrimonios la habían concertado), sino que en ausencia de la misma el juez debe valorar el trabajo y el esfuerzo aportado por cada uno de los cónyuges. Ni qué decir tiene que los jueces marroquíes no valoran el trabajo doméstico de la mujer, por lo que la ama de casa que se divorcia queda en situación precaria[103].

La conclusión es que la "valiente reforma" sólo ha tenido efectos limitados en la sociedad, o quizás sólo sobre el poder pues ha establecido una especie de "feminismo de Estado" benéfico para la reputación oficial del régimen. Por lo demás, la prensa marroquí se hizo eco del dato, significativo, de que uno de los miembros de la comisión real que estudió la reforma de la *Mudawana*, el

---

[101] Mohamed Aswab, "Pourquoi la nouvelle Moudawana n'a pas réussi à faire régresser la polygamie? ", *Aujourd'hui le Maroc* (23-VII-2010) ; Cfr. : http://www.aujourdhui.ma/couverture-details77110.html

[102] Jihane Kabbaj, " Moudawana, 4 ans après: Mariages précoces: 9 demandes sur 10 autorisées", *L'Économiste* (26-I-2008).

Ahmed R. Benchemsi, "La Moudawana, et après ", *Tel Quel* nº 344 (octubre 2008), cfr http://www.telquel-online.com/344/edito_344.shtml

Florence Beaugé, " Les Marocaines déçues par l'application du code de la famille", *Le Monde* (27-XI-2008).

[103] Jihane Kabbaj, "Moudawana, 4 ans après: Quel fossé entre l'esprit et la pratique! ", *L'Économiste* (26-I-2008).

importante consejero de Mohamed VI Mohamed Rochdi Chraibi, en septiembre de 2002 había sumado una segunda esposa a la que ya tenía[104].

Lamentablemente, en España no han faltado los discursos complacientes con el Código marroquí en relación con uno de los aspectos más indignos de la misma cual es el del repudio supervisado judicialmente (*talaq*). Así, algunas autoras han escrito (bien es cierto que con una redacción confusa) que "la actual regulación de la disolución del matrimonio por *talaq* en el CF (el código de familia marroquí) plantea al sistema español de DIPr (Derecho Internacional Privado) dos cuestiones de primer orden: en primer lugar, si ya no cabe invocar la excepción de orden público para impedir la aplicación de la legislación extranjera" para concluir "el reconocimiento en España de las decisiones marroquíes de disolución del matrimonio a través de la fórmula del *talaq* no ha de ser impedido por razones de orden público dado que interviene la autoridad judicial en el procedimiento"[105].

Pero este argumento es muy pobre procedimental y sustantivamente. Para empezar, parece entender que el "orden público" es una categoría procedimental que no exige el respeto sustantivo de los derechos fundamentales sino sólo una intervención "judicial". Ahora bien, no parece que a estos efectos pueda prescindirse de consideraciones sustantivas cuando los tribunales que intervienen se caracterizan por una escandalosa falta de independencia[106]. No sólo

---

[104] Ali Amar, *Mohamed VI. Le grand maléntendu*, cit., p. 91.

[105] Gloria Esteban de la Rosa (coord..), Jamila Ouhida, Karima Ouald Ali y Tijaniya Saghir, *Nuevo Código de Familia marroquí y su aplicación en España*, Difusión Jurídica, Madrid, 2009, p.67.

[106] Me remito, no sólo a *wikileaks*, sino al informe de la Comisión Europea presentado ante el Parlamento Europeo: "Bilan et perspectives des relations UE-Maroc", informe presentado por Véronique Janssen (desk Maroc, Unité Maghreb à la DG RELEX, Commission européenne), el día 28 de abril de 2010. Alguna prensa marroquí se ha hecho eco de esto. A título de ejemplo, véase: Aziz Ben Marzouq, "Statut avancé. Social et justice, toujours des points noirs pour Bruxelles", *L'Économiste* (5-V-2010); "Réforme de la justice: une demande européene" (*Le Soir-Échos*, 29-VII-2010). El Parlamento Europeo ofrece una breve síntesis de la presentación del informe de Janssen(Cfr.:

http://www.europarl.europa.eu/meetdocs/2009_2014/documents/dmag/pv/816/816438/816438fr.pdf

Sin embargo, El diario marroquí *L'Économiste* (5-V-2010) ofrece un relato más detallado del informe de Janssen que el que se contiene en la síntesis de la comparecencia de Janssen en el Parlamento Europeo: "La Commission considère que si le Maroc a déjà initié un processus de réforme avec une série de travaux bien établis, le souhait de l'UE est d'appuyer les principaux eso, la Unión Europea ha señalado además que la responsabilidad máxima de la inaplicación del Código de Familia es precisamente de los jueces (dependientes del rey)[107]. Pero además, estas autoras parecen ignorar que la taimada redacción del artículo 89.1 del Código de Familia consagra una discriminación inaceptable. Dicho precepto dice: "En caso de que el esposo haya cedido a la esposa la facultad de disolución del matrimonio por *talaq*..."[108]. Este precepto, *a sensu contrario*, significa, pura y sencillamente que mientras siempre el esposo puede repudiar a la esposa, la esposa sólo puede repudiar al marido si previamente éste se lo autoriza.

Sin embargo, con mucha más finura jurídica y con mejor manejo de la categoría del orden público, el Tribunal de Casación francés en una importante decisión nos ofrece el dato más elocuente acerca de lo inadecuado que es calificar como "revolucionaria" o aceptable para un sistema respetuoso de los derechos fundamentales, incluso sobre el papel, ésta reforma de la *Mudawana*. El Tribunal de Casación de Francia confirma una sentencia del tribunal de Caen de 4 de septiembre de 2008 que no consideró válido el procedimiento de divorcio de dos marroquíes residentes en Francia instado en Marruecos y resuelto por sentencia de 4 de octubre de 2007 de tribunal de Jemisset (Marruecos). En su sentencia, el Tribunal de Casación dice, textualmente, que:

> *"el procedimiento de divorcio regulado por los artículos 78 a 93 del código marroquí de familia conduce a una "diferencia flagrante" de trato entre el esposo y la esposa, que la intervención del juez*

axes de cette réforme annoncée en mettant l'accent notamment sur la nécessité de «raffermir l'indépendance des juges, améliorer l'accès des citoyens à la justice et rendre le service public de la justice plus efficace». La Commission note qu'en dépit d'annonces réitérées à plusieurs reprises par Rabat, «la réforme en profondeur de la justice n'a pas encore réellement vu le jour. Il s'agit, selon elle, «d'un défi majeur pour asseoir durablement un véritable Etat de droit». Elle regrette que le Plan d'action 2008-2012 du ministère de la Justice se concentre avant tout sur des «aspects de gestion tels que l'augmentation du nombre de tribunaux ou la réduction du délai de traitement des dossiers»".

[107] Informe "Bilan et perspectives des relations UE-Maroc", cit. ; Aziz Ben Marzouq, "Statut avancé. Social et justice, toujours des points noirs pour Bruxelles" : Concernant la réforme du code de la famille que le Maroc a déjà entamée, la Commission observe qu'il subsiste des problèmes en ce qui concerne sa mise en œuvre effective sur le terrain. «La législation est là, mais les juges ne l'appliquent pas souvent», a indiqué aux députés européens Véronique Janssen. Selon elle, «il faut impérativement améliorer la formation des juges marocains».

[108] Artículo según la traducción española ofrecida por Esteban de la Rosa et al.,p. 65.

marroquí se limita a la determinación de las consecuencias de la separación y que la esposa no puede presentar una demanda ante el tribunal una demanda de divorcio similar a la del esposo sin la autorización de éste

(...)

Que la sentencia del tribunal de Jemisset desconoce el principio de igualdad entre los esposos y es contraria al orden público internacional

(...)

Que la decisión de una jurisdicción extranjera constatando un repudio unilateral por el marido sin dar efecto jurídico a la oposición eventual de la mujer y privando a la autoridad competente de todo poder que no sea el de disponer las consecuencias financieras de esta ruptura del vínculo conyugal es contrario al principio de igualdad de los esposos en el momento de la ruptura del vínculo conyugal"[109].

II.3. LAS REFORMAS ANUNCIADAS, ENGAÑOSAS O INCUMPLIDAS

Mohamed VI ha hecho a lo largo de su reinado varios anuncios que resultaron engañosos o incumplidos. Alguno de ellos fuera del ámbito político, como su anuncio de que se había "encontrado petróleo" en la localidad de Talsint de suerte que el país iba por fin a no tener dependencia energética[110]. La realidad, sin embargo, es que, aunque alguno en España dio credibilidad

---

[109] Sentencia n° 1179 de 4 noviembre 2009 (08-20.574) - Tribunal de Casación- Primera sala de lo civil.

[110] La traducción oficial al francés de las palabras clave de été discurso es : "*Nous nous réjouissons, au moment où nous célébrons ces deux glorieux anniversaires, de t'annoncer, cher peuple, la bonne nouvelle de la découverte du pétrole et du gaz, de bonne qualité et en quantités abondantes, dans la région de Talsint dans les provinces de l'Oriental qui nous sont si chères*". Mohamed VI, Discurso de 20 de agosto de 2000, en Agadir.

Este discurso ha sido eliminado de la relación de discursos de Mohamed VI incluida en la página oficial del Ministerio de Asuntos Exteriores de Marruecos:

http://www.maec.gov.ma/fr/l-com.asp?typ=dr.

También ha sido borrado de otras páginas oficiales marroquíes, como la del Ministerio de Comunicación: http://www.mincom.gov.ma/french/generalites/samajeste/mohammedVI/discours/2000/revolution_roi_peuple.html a las palabras de Mohamed VI, cuando ya era evidente que eran falsas[111], en Talsint no había petróleo y Marruecos sigue igual de dependiente que antes de las importaciones de hidrocarburos.

Ciñéndonos al ámbito político, hay tres anuncios especialmente relevantes que no tuvieron el cumplimiento anunciado o imaginado: el reconocimiento de la lengua tamazight o bereber, el reconocimiento del derecho de voto de los emigrantes y el establecimiento de una "regionalización avanzada".

III.3.A. El reconocimiento de la lengua tamazight o bereber

Aunque algunas aproximaciones superficiales a Marruecos consideran a este país como un país "árabe" con una "identidad" ancestral, lo cierto es que es un país cuya actual conformación es muy reciente y se ha basado en la represión de la pluralidad. Como ya tuve ocasión de exponer en otra ocasión, cuando Marruecos logra su independencia en 1956, el país tiene dos líneas básicas de diferenciación interna. Por un lado, en sus raíces se encuentra formado por "árabes" (o arabo-parlantes) y por otro por tamazigs (o berebero-parlantes). Por otro lado, en sus estratos más modernos se encuentra formado por "hispanizados" (los marroquíes sometidos al gobierno español: protectorado en el norte de Marruecos, Ifni, la región de Tarfaya al sur de Marruecos) y por otro lado, por "francofonizados". En su momento ya dije que el régimen marroquí decidió establecer un sistema centralizado fundamentado en lo "árabe" y lo "francés" reprimiendo totalmente lo bereber y lo hispano[112].

El problema de esta política es que alrededor de la mitad de la población tiene raíces culturales o lingüísticas bereberes. El "factor bereber", por tanto, constituye un elemento de conflicto que, sin la presencia de represión como

Sobre el ridículo de Talsint, resulta muy interesante consultar Ali Amar, *Mohamed VI. Le grand maléntendu*, cit., p. 126 ss. Amar dice que el asunto de Talsint es "el más grande espejismo que ha conocido Marruecos desde su independencia" (p. 141).

[111] José Antonio Vera, *La gran mentira, ¿Qué se esconde detrás de la guerra del petróleo?*, Belacqua, Barcelona, 2005.

[112] Carlos Ruiz Miguel, "La propuesta marroquí de autonomía para el Sahara Occidental de 2007: una antigua propuesta sin credibilidad", *Revista de Estudios Autonómicos y Federales*, nº 7 (2008), p. 268 ss. (p. 272); Id., *El Sahara Occidental y España*, cit., p. 69-70. Chekrad, sin embargo dice que Marruecos se halla en la encrucijada de las civilizaciones "africana", "árabo-musulmana" y "occidental" silenciando el componente bereber de Marruecos (*op. cit.*, p. 78).

en la época de Hassán II, puede aflorar para cuestionar el dominio de la elite árabe (a la que pertenece la propia dinastía alauita).

De ahí que en sus discursos de 30 de julio y 17 de octubre de 2001, Mohamed VI anunciara que se iba a rehabilitar la, hasta entonces, oficialmente perseguida lengua tamazig. El 30 de julio de 2001 anunció la introducción de la lengua amazigh en el sistema educativo nacional y la creación de un Instituto real para la cultura bereber. Posteriormente, en su discurso de 17 de octubre de ese año anunció que firmaba el dahir por el que se creaba el "Instituto Real de la Cultura Bereber". En aquel decreto encomendaba a este instituto "la salvaguarda, promoción y refuerzo del lugar del amazig en el espacio educativo, sociocultural y mediático nacional.

Lamentablemente, nada de eso se cumplió. La realidad desmintió las palabras de Mohamed VI. Un periódico holandés reveló una instrucción del gobierno marroquí a todas sus embajadas y consulados con una lista de nombres que estaba prohibido registrar. Y entre ellos estaban los amazigs. Un responsable marroquí argumentaba que "prohibimos los nombres bereberes porque entran en conflicto con la identidad (marroquí) y abren la puerta a la diseminación de nombres sin significado"[113].

Cuando el 1 de julio de 2011 se sometió a voto la reforma "constitucional" la lengua amazig seguía sin tener reconocimiento oficial ni enseñarse en las escuelas. Lo cual lleva a ser escéptico ante el anuncio que se hace de oficializar dicho idioma en la nueva "reforma constitucional".

II.3.B. El reconocimiento del derecho de voto de los emigrantes

Socialmente, algunos cálculos oficiales estiman que la población marroquí emigrada asciende al 10% del total. Si tenemos en cuenta que la población marroquí ronda los 30 millones de personas, es evidente que ese cálculo rebaja mucho la cifra real pues sólo en España se estima la presencia de más de un millón de emigrantes marroquíes (en situación legal o ilegal). Considérese que en Francia hay aún más marroquíes que en España y que en Italia o Bélgica

[113] *Trouw.nl*, "Rabat verbiedt Berberse namen", Cfr.: http://www.trouw.nl/tr/nl/4324/Nieuws/article/detail/1128021/2009/01/28/Rabat-verbiedt-Berberse-namen.dhtml

el número de marroquíes puede igual o superior al existente en España. Y considérese la fuerte presencia marroquí en otros Estados (Alemania, Canadá, Holanda, etc.). El hecho es que probablemente más de 5 ó 6 millones de marroquíes han emigrado lo que puede significar no el 10, sino el 20% de la población.

La población emigrante marroquí constituye un elemento central para la economía de Marruecos porque sus remesas constituyen una de las más importantes fuentes de ingresos del país, por encima del turismo. Sin embargo, políticamente, los emigrantes no tienen posibilidad de intervenir en el país que económicamente depende de ellos. No sólo eso, sino que una buena parte de la emigración está compuesta por individuos que, de haber permanecido en Marruecos supuestamente habrían tomado posiciones activas contra el régimen. Dado que los tres países (Francia, Bélgica y España) que más han facilitado la integración en su seno de la emigración marroquí constituyen aliados políticos del régimen marroquí, es mi opinión que esta emigración ha sido concertada secretamente entre Marruecos y ciertos países europeos para conseguir efectos políticos y económicos beneficiosos para el régimen marroquí.

Por un lado, esta emigración alivia la presión política interior contra el régimen al convertir en atractiva la emigración a estos países de la juventud más activa y con más iniciativa (y por ello más peligrosa políticamente para el régimen). Y no sólo eso, al hacer peligrosa la salida de Marruecos (no así la entrada en los países europeos), el régimen alauita era consciente que la operación pone en grave riesgo la vida de estos jóvenes potencialmente políticamente peligrosos. Y, de hecho, muchos de ellos han muerto en el intento.

Por otro lado, al mismo tiempo que políticamente las capas más activas de la población quedaban políticamente fuera de juego en Marruecos, económicamente, esos potenciales adversarios contribuían a reforzar al mismo régimen que les hizo emigrar. Las ventajas económicas de la emigración para el régimen alauita son dos. Una consiste en que las remesas de los emigrantes se giran a instituciones financieras dependientes del majzén que obtiene así una cuantiosa liquidez. La otra estriba en que esas remesas permiten aliviar la situación de miseria de amplios sectores de la población que están desatendidos por el régimen. En consecuencia, las remesas de los emigrantes contribuyen a desactivar el caldo de cultivo revolucionario que puede ser la miseria extrema que sufre la mayor parte de la población.

Ahora bien, este desencaje entre su importante papel económico y su nulo papel político constituye uno de los elementos de deslegitimación del régimen. De ahí que el rey intentara desactivar los motivos con una de sus promesas. Mohamed VI anunció:

> *"Hemos considerado que las cuestiones relativas a nuestra comunidad establecida en el extranjero sean seguidas con la mayor atención y sean objeto de una nueva política de emigración que tiene dos dimensiones.*
>
> *La primera es externa. Obramos en ella para defender los derechos de esta comunidad en los países de acogida y velamos para que se le asegure su gozo protegida contra toda discriminación. (...)*
>
> *La segunda dimensión es de orden interno y nacional. Se caracterizá por la adopción de una nueva política equitativa respecto a nuestra comunidad en el extranjero". Ésta se beneficia de una particular solicitud de nuestra majestad (...). Con este espíritu hemos reafirmado la necesidad de asegurar para los miembros de nuestra comunidad en el extranjero las condiciones propicias para el pleno y entero ejercicio de su ciudadanía, velando para ampliar su adhesión y su participación en todos los sectores de actividad de la nación. A este respecto, estamos orgullosos del eco positivo que nuestra iniciativa ha encontrado ante nuestra comunidad. He ahí por qué, en respuesta a la aspiración de sus miembros que desean implicarse efectivamente en esta iniciativa democrática gradual que se ha realizado hasta ahora.*
>
> *Así, después de haber otorgado a esta comunidad el derecho a la participación política, permitiendo a sus miembros ser electores y elegibles en su patria, confortaremos este logro democrático con la puesta en marcha del Consejo Superior de la comunidad marroquí en el extranjero. (...)*
>
> *Queremos hacer de este consejo una institución eficiente que permita a los miembros de nuestra comunidad en el extranjero ser parte activa en la gran renovación que conoce su patria, Marruecos (...)*[114].

[114] Mohamed VI, Discurso de 6 de noviembre de 2006.

Esta vaga promesa se concretó meses después en un nuevo discurso en el que Mohamed VI dijo:

> *"La política no es asunto exclusivo de una capa social o de una categoría particular. Es asunto de todos los marroquíes residan en el país o fuera. A este respecto, las próximas elecciones aportarán una nueva conquista: la generalización del derecho de participación en el escrutinio, sobre el territorio nacional, extendiéndolo a todas las generaciones de nuestra querida comunidad residente en el extranjero. A los miembros de esta comunidad, Nos les decimos que todo el precio que Nos atribuimos a su dignidad sea preservado y su ciudadanía consolidada en su plenitud. La participación en las elecciones no será sino una primera etapa en un proceso de concertación gradual y evolutivo dirigido a su integración, totalmente legítima, en el seno de las diferentes instituciones ejecutivas, representativas y consultativas nacionales"*[115].

La realidad, nuevamente, desmintió las palabras de Mohamed VI. Después de este discurso se han producido dos procesos electorales, las elecciones generales de 7 de septiembre de 2007 y las elecciones locales de 12 de junio de 2009. En ninguno de ambos procesos electorales pudieron votar (en o desde el extranjero) los marroquíes residentes en el extranjero.

II.3.C. El establecimiento de una "regionalización avanzada"

Como ya se ha comentado, Marruecos es uno de los Estados más centralizados del planeta, pero con una diferencia importante respecto a otros. Mientras en algunos Estados (como Francia), la centralización tiene un fundamento democrático, en Marruecos su fundamento es autocrático[116]. Ahora bien, la pretensión de anexionarse el Sahara Occidental ha llevado a realizar varios "anuncios" de que se iba a proceder a una regionalización que el régimen alauita presenta, incluso, como "avanzada" para supuestamente permitir que en el Sahara Occidental pueda establecerse una "autonomía" que, además, se

[115] Mohamed VI, Discurso de 20 de agosto de 2007.

[116] Ruiz Miguel, "La propuesta marroquí ", cit., p. 272.

presenta como "amplia". Para entender, por tanto, estos anuncios, conviene tomar en cuenta la evolución diplomática del conflicto del Sahara Occidental.

Como ya he mencionado, en julio de 2003, el Consejo de Seguridad aprobó, por unanimidad, su resolución 1495, que avalaba el "Plan Baker" como "solución política óptima" para el conflicto. Dicho plan, establecía un período de cinco años de autonomía administrativa y política, garantizada internacionalmente por Naciones Unidas, tras el cual se celebraría un referéndum de autodeterminación. Como se ha dicho antes, Marruecos se opuso a ese plan. No obstante, ante la presión internacional presentó un plan de autonomía, en diciembre de 2003, que fue considerado insuficiente por el Enviado Personal del Secretario General de Naciones Unidas y que, de hecho, las Naciones Unidas no tomaron en consideración[117].

Tras el cambio político producido en España después del atentado del 11 de marzo de 2004 y las elecciones de 14 marzo, el nuevo Gobierno se alineó con las posiciones de Marruecos, contrarias al plan de paz presentado por Baker y avalado por unanimidad del Consejo de Seguridad. Tras el cambio político en España, en la reunión celebrada con el Enviado Personal del Secretario General de la ONU el 15 de abril de 2004, Marruecos dio su respuesta definitiva al Plan de paz para la libre determinación del pueblo del Sáhara Occidental ("Plan Baker"), adjunta a una carta de fecha 9 de abril de 2004 dirigida a James Baker por el Ministro de Relaciones Exteriores y Cooperación de Marruecos[118]. En esa carta, Marruecos rechaza el principio de autodeterminación y la celebración de un referéndum para aplicarlo, pese a que ambos (ese principio y ese medio) están consagrados por Naciones Unidas. El texto de la carta es claro: para Marruecos, la "autonomía, convenida entre las partes y las Naciones Unidas, cerraría la cuestión de la libre determinación". De esta suerte, "la solución de autonomía, una vez acordada por las partes y aprobada por la población, excluye por definición que se someta a ésta la opción de la independencia". Es más, "el carácter definitivo de la solución de autonomía no es negociable para el Reino". Y concluye que

[117] El texto del proyecto se encuentra en: http://www.arso.org/projetA2003.htm
Sobre ese proyecto y las consideraciones que del mismo haga aquí me remito a mi análisis "«El proyecto marroquí de 'Autonomía' para el Sáhara de 2003: Análisis y consecuencias para el futuro", *GEES* (6-X-2006). El texto se encontraba en esta dirección pero ha sido borrado de la misma: http://www.gees.org/articulo/3083/

[118] Anexo I del informe del SG S/2004/325, de 23 de abril de 2004.

"está fuera de lugar que Marruecos entable negociaciones con quien sea acerca de su soberanía e integridad territorial". En definitiva, este lenguaje diplomático evitaba aceptar expresamente el principio de autodeterminación (se excluían las opciones que la legalidad internacional establece para descolonizar un territorio) y la celebración de un referéndum (solo se hablaba de que la fórmula debía ser "aprobada por la población", sin decir cómo ni por qué "población"). Como consecuencia de ello, el 11 de junio de 2004, Baker dimitió de su puesto como Enviado Personal. A partir de entonces, Marruecos intentó hacer valer su propuesta de "autonomía" como alternativa al derecho de autodeterminación internacionalmente reconocido al pueblo saharaui.

El rechazo marroquí produjo un bloqueo de la situación. Algunos avanzamos la idea de que más allá del "plan Baker" no era posible ninguna solución[119], pero otros han creído que sí que era posible. Fue el caso de la administración Bush jr., que pasó de apoyar el "Plan Baker", a apoyar la anexión del Sahara bajo una supuesta "autonomía" marroquí. De forma calculada, y con la evidente complicidad del presidente norteamericano George W. Bush, Mohamed VI intentó ganar tiempo en el conflicto del Sahara Occidental al ir poco a poco desvelando sus posiciones. La secuencia de los hechos fue clara. Primero, quedó clara la intención USA cuando el representante norteamericano ante el Consejo de Seguridad, declaró, tras la adopción de la resolución 1720, el 31 de octubre de 2006, que había "exhortado a Marruecos a presentar una proposición de autonomía 'global y creíble' para el territorio" y que había sugerido a Marruecos, para ello, negociaciones directas con el pueblo saharaui[120]. Apenas unos días después, Mohamed VI anuncia por primera vez que va a proceder a una "regionalización avanzada":

> *"así, en el nivel nacional, pretendemos avanzar de forma decidida para consolidar nuestro edificio democrático por medio de una regionalización avanzada que representa la espina dorsal del Estado moderno cuyos fundamentos estamos asentando sólidamente"*[121].

---

[119] Carlos Ruiz Miguel, "El largo camino jurídico y político hacia el "Plan Baker II": ¿Estación de término?", en *Anuario Mexicano de Derecho Internacional*, vol. V (2005), p. 445 ss.

[120] http://www.un.org/News/Press/docs/2006/sc8860.doc.htm

En la versión francesa (no auténtica, obviamente) se dice que las negociaciones deben ser "con los representantes del conjunto de la población saharaui". Cfr.:

http://www.un.org/News/fr-press/docs/2006/ CS8860.doc.htm.

[121] Mohamed VI, Discurso de 6 de noviembre de 2006.

El 11 de abril de 2007, Marruecos presentó oficialmente su propuesta, la "Iniciativa marroquí para la negociación de un Estatuto de autonomía de la región del Sáhara"[122]. Simultáneamente, el Frente Polisario presentaba ante el Consejo de Seguridad su propuesta para solucionar el conflicto[123].

A partir de 2007, Mohamed VI fue ganando tiempo con sucesivos anuncios que nunca desembocaban en medidas concretas. Así, en noviembre de 2008 anunció la creación de una "Comisión consultativa pluridisciplinar" para proponer un modelo marroquí de regionalización[124], que volvió a anunciar otra vez en julio de 2009[125]. En noviembre de 2009, Mohamed VI anunciaba que iba a "beneficiar" a las "provincias del sur" (*recte*, el Sahara Occidental ocupado por Marruecos) con la primacía en el proceso de "regionalización avanzada"... que no estaba concretado[126]. El 3 de enero de 2010 en un discurso pronunciado días después de perder el pulso que mantuvo con Aminatu Haidar (defensora saharaui de los derechos humanos, deportada ilegalmente por Marruecos), anunció la creación por fin de una "Comisión Consultiva para la Regionalización" a la que Mohamed VI encargó la presentación de un "proyecto de regionalización avanzada" "marroco-marroquí", en los seis primeros meses de 2010, pues el proyecto debía someterse a Mohamed VI "a finales de junio" de ese año[127]. Un mes y medio después, según un comunicado del Gabinete Real "el Rey Mohammed VI accedió a la petición de la Comisión consultiva para la Regionalización (CCR) y decidió prorrogar hasta el fin del año en curso, el plazo que le ha sido concedido para concluir sus trabajos"[128]. En julio de 2010 volvió a decir que el Sahara Occidental iba a "estar a la cabeza de los beneficiarios del proceso de regionalización avanzada"[129]. En agosto de 2010 el rey siguió insistiendo en que "con vivo interés y una gran consideración" aseguraba "el seguimiento constante y asiduo de los trabajos de la comisión consultiva de la regionalización"[130]. En noviembre de 2010 el rey volvía a

[122] Documento del Consejo de Seguridad S/2007/206.

[123] Documento del Consejo de Seguridad S/2007/210.

[124] Mohamed VI, discurso de 6 de noviembre de 2008.

[125] Discurso del 30 de julio de 2009.

[126] Discurso de 6 de noviembre de 2009.

[127] Discurso de 3 de enero de 2010.

[128] Despacho de la agencia oficial de prensa marroquí (MAP) de 18 de febrero de 2011.

[129] Discurso de 30 de julio de 2010.

[130] Discurso de 20 de agosto de 2010.

insistir en que el Sahara Occidental ocupado sería el primer "beneficiado" de la "obra" de la "regionalización avanzada"[131].

Cumplido el segundo plazo, no se informó, como sería previsible, de la presentación de ningún proyecto por la citada "Comisión Consultiva para la Regionalización". Algo sin duda extraño, dada la relevancia que ese proyecto tendría según las propias palabras de Mohamed VI. Pero no importaba. Mohamed VI en marzo de 2011 en un nuevo discurso decía:

> *"Querido pueblo, Me dirijo hoy a ti para informarte del comienzo de la fase siguiente del proceso de regionalización avanzada, con todo el potencial de que es portador para la consolidación de nuestro modelo de democracia y de desarrollo y lo que conlleva de revisión constitucional profunda. Consideramos la regionalización avanzada como la clave de bóveda de nuevas reformas globales que Nos pretendemos lanzar, siempre en perfecta simbiosis con la nación y todos sus componentes. Nos queremos ante todo saludar la pertinencia del contenido del informe de la comisión consultativa de la regionalización a la que Nos hemos encargado, el 3 de enero del año pasado, de elaborar una concepción general de un modelo marroquí de regionalización avanzada".*

La realidad, de nuevo, desmintió las palabras de Mohamed VI. A pesar de que algún político español saludó el discurso de Mohamed VI de 3 de enero de 2010 como "una de las más importantes hojas de ruta políticas de Marruecos en los últimos años"[132]. La realidad, de nuevo, desmintió las palabras de Mohamed VI. A pesar que algún político español saludó el discurso de Mohamed VI de 3 de enero de 2010 como "una de las más importantes hojas de ruta políticas de Marruecos en los últimos años"[133], el hecho es que el "Informe sobre la regionalización avanzada"[134] no tiene ninguna aportación destacable. Formalmente,

[131] Discurso de 6 de noviembre de 2010.

[132] Declaraciones de Gustavo de Arístegui, portavoz del Grupo Popular en la Comisión de Asuntos Exteriores del Congreso de los Diputados, recogidas por la agencia oficial *MAP* en un despacho del 7 de enero de 2010.

[133] Declaraciones de Gustavo de Arístegui Sanromán, en ese momento portavoz del Grupo Popular en la Comisión de Asuntos Exteriores del Congreso de los Diputados, recogidas por la agencia oficial *MAP* en un despacho del 7 de enero de 2010.

[134] *Rapport sur la régionalisation avancée. Soumis à la Haute Attention de Sa Majesté Le Roi Mohamed VI,* Imprimérie Royale, Rabat, 2011.

Mohamed VI pasó de hablar de un "proyecto de regionalización avanzada" (3-1-2010) a una "concepción general de un modelo marroquí de regionalización avanzada" (9-III-2011). Materialmente el "Infome", por un lado, ni de lejos reclamaba una nueva "Constitución", pues sólo pedía reformar cinco artículos (3, 12, 38, 46 y 101) de la "Constitución" vigente de 1996 (cfr. Proposición 28.4 del "Informe"); y, por otro lado, no sólo no confería autonomía política a las regiones, sino que tampoco establecía una autonomía administrativa, pues permitía la tutela del Gobierno sobre la acción ejecutiva aunque con el propósito de "limitarlo progresivamente" (cfr. Proposición 20 del "Informe").

II.4. ESTANCAMIENTO CON MOHAMED VI DE LA FORMA DE GOBIERNO DEL "MAJZÉN"

El estancamiento es total en la estructura del régimen político. Las mismas estructuras de poder que existían con Hassán II se mantienen con Mohamed VI. Y, lo que es más importante, las mismas prácticas. Y esto ha ocurrido desde el mismo momento en que Mohamed VI ascendió al poder. Bendourou ofrece un relato descarnado del funcionamiento real del sistema:

> *"el rey interviene a menudo en la gestión de los asuntos públicos y no se contenta con el ámbito que le reserva la Constitución. El soberano actúa a menudo mediante la creación de fundaciones (...) y de comisiones reales sobre diferentes terrenos: económico, social, o político (por ejemplo, creación de la comisión real para la reforma electoral) lo que desorganiza al gobierno. El rey llega a reunir a altos funcionarios de la administración, sin la presencia de los miembros del gobierno y del primer ministro, en compañía de los consejeros reales para discutir los problemas económicos y sociales y dar instrucciones en tal o cual asunto. El rey incluso ha llegado a decidir, en el terreno reservado al gobierno, que dispone de la potestad reglamentaria y de la administración, la creación de centros regionales de inversión bajo la responsabilidad de los gobernadores civiles (de nombramiento real) a los que deben transferirse las competencias gubernamentales para que adopten "en lugar de los miembros competentes del gobierno, los actos administrativos necesarios para la realización de esas inversiones". El soberano estima que estas*

iniciativas constituyen "una ilustración de los métodos de reforma de la administración (...). En el terreno de los derechos humanos, el Primer ministro que había inscrito en su declaración de política general, presentada ante el parlamento en abril de 1998, la creación del "defensor del pueblo" vio cómo se le hurtaba esta iniciativa para ser establecida por un dahir de Mohamed VI (de 10 de diciembre de 2001). Incluso en los terrenos compartidos por el rey y el primer ministro (nombramiento de los ministros), el rey ignora al primer ministro. En el nombramiento de los altos funcionarios, el primer ministro no es informado de las decisiones del soberano, sino unas horas antes de que sean anunciadas públicamente"[135].

Ahora bien, estas "reformas" administrativas consistentes en hacer depender del rey los "centros de inversión regional" tienen un objetivo oculto: controlar el dinero que se recibe de instancias internacionales (Unión Europea y España, fundamentalmente) o de inversores extranjeros para obtener sustanciosas comisiones. La voracidad de Mohamed VI y su círculo más estrecho en la práctica corrupta del cobro de comisiones quedó de manifiesto en uno de los cables de la embajada norteamericana en Rabat revelados por Wikileaks[136].

Mohamed VI sólo ha innovado con la creación de la "Instancia Equidad y Reconciliación" de la que hemos hablado ya y la creación de un órgano que se ha demostrado absolutamente inoperante para su función, la "Comisión Consultiva de Derechos Humanos" que, de hecho, se ha convertido en un instrumento de propaganda del régimen en vez de pretender la defensa de los derechos humanos. En este sentido, el régimen de Hassán II era más "sincero" que el de Mohamed VI.

Sin embargo, siguiendo las constantes anunciadas, no ha faltado quien alabara la situación del régimen marroquí bajo Mohamed VI. Así, en un balance hecho en 2009 de los diez primeros años de reinado del hijo de Hassán

---

[135] Omar Bendourou, "Transition démocratique et réformes politiques et constitutionnelles au Maroc", *Annuaire de l'Afrique du Nord*, 2000-2001, p. 233 ss., p. 237-238. En la misma línea, Marina Ottaway & Meredith Riley, *Morocco: From top-down to democratic transition*, Carnegie Papers. Middle East Series, nº 71 (2006). p. 8.

[136] *El País*, "EE.UU. sitúa al Palacio Real en la cima de la corrupción en Marruecos", 2-XII-2010. Cfr.:
http://www.elpais.com/articulo/internacional/EE/UU/situa/Palacio/Real/cima/corrupcion/Marruecos/elpepuint/20101202elpepuint_20/Tes

II, Rouvillois afirmaba que "si la edificación del Estado de Derecho no parece totalmente acabada, el hecho es que las obras están en plena actividad y la construcción va a buena marcha. Una actividad tanto más prometedora cuanto que los maestros de obra manifiestan una diligencia sin la cual todo lo que se acaba de evocar no sería sino palabras"[137].

II.5. RETROCESO DE MOHAMED VI EN LA SITUACIÓN DE LOS DERECHOS HUMANOS DE LOS DOS ÚLTIMOS AÑOS DE HASSÁN II

Pero junto al estancamiento institucional, se ha producido un grave retroceso en los derechos básicos. Sin detenernos en la situación existente en otros derechos (asociación[138], libertad de reunión[139], ...), vamos a examinar lo ocurrido con algunos derechos especialmente significativos, los derechos a la protección de la vida y la integridad física, a la libertad religiosa, y a la libertad de expresión.

II.5.A. El derecho a la vida y a la integridad física se ha visto seriamente comprometido bajo Mohamed VI. En efecto, es cierto que Mohamed VI ha cerrado los centros secretos de detención y torturas que abrió su padre (de los cuales los de más siniestra memoria son los de Taznamart, Kalaat Maguna y Agdz), pero ha abierto "su" propio centro de torturas en Temara. Human Rights Watch ya denunció en 2004 que, después de los atentados de Casablanca de 16 de mayo de 2003, más de 2.000 personas fueron detenidas y torturadas en el centro que el servicio secreto interior (Dirección General de Vigilancia del Territorio (DGST o DST en sus antiguas siglas) situado en Temara, cerca de Rabat[140]. En efecto, después de los atentados de Casablanca de 16 de mayo de 2003 (cuya verdadera autoría, por lo demás, sigue siendo objeto de discusión) se aprobó con la casi unanimidad de las dos cámaras del "parlamento", ¡13

---

[137] Frédéric Rouvillois, "<Parachéver l'édification de l'État de Droit>", en Jean-Yves Cara, Frédéric Rouvillois y Charles Saint-Prot, *Le Maroc en marche*, cit., p. 29 ss. (p. 41-42).

[138] Véase por ejemplo, Bendourou, "Transition ", *op. cit.*, p. 242.

[139] Bendourou, "Transition ... ", *op. cit.*, p. 243.

[140] Human Rights Watch, *Maroc: Les droits humains à la croisée des chemins*, Octobre 2004 Vol. 16, No. 6(E) ; Amnesty International, *Lutte contre le terrorisme et recours à la torture : le cas du centre de détention de Témara* (24-VI-2004), AI : MDE 29/004/2004.

días después! una ley antiterrorista[141] que ampliaba extraordinariamente los poderes del aparato de la seguridad del Estado[142].

El importante papel jugado por el régimen marroquí de Mohamed VI en la práctica de torturas a supuestos "terroristas" islamistas por cuenta de Estados Unidos y el Reino Unido (tarea en la que Mohamed VI estuvo acompañado por el régimen de Hosni Mubarak en Egipto) ha sido revelado por informaciones recogidas, primero dentro de Marruecos y posteriormente fuera. En diciembre de 2005, apenas unos meses antes de ser cerrado, el semanario crítico marroquí *Le Journal Hebdomadaire* publicó un amplio dossier en el que se revelaba que entre 2001 y 2005 hubo 40 escalas en Marruecos de los "vuelos de la CIA" [143]. Informaciones éstas que fueron negadas por varios responsables marroquíes en enero de 2006. Desmentidos que se convirtieron un año después en declaraciones de "desconocimiento" respecto a las acusaciones concretas de tortura que una de las víctimas hizo al diputado italiano Enzo Locatelli que la entrevistó en una cárcel marroquí el 10 de enero de 2007[144]. Y es que a partir de 2006 las acusaciones contra el régimen alauita empezaron a hacerse fuera de Marruecos sin que, esta vez, el régimen "desmintiera" los datos. Primero fueron las investigaciones parlamentarias publicadas en junio de 2006 por el Consejo de Europa (Primer informe Marty)[145], y posteriormente las investigaciones judiciales en el Reino Unido (Caso Binyan Mohamed)[146] las que dejaron

---

[141] Ley nº 03-03, de modificación del Código Penal y del Código de procedimiento criminal (llamada "ley antiterrorista").

[142] Una crítica de esta ley en Saadi, *Le difficile chemin...*, cit., p. 70 ss.

[143] Ali Amar, Cathérine Graciet,, Taïeb CHADI & Aboubakr Jamaï, "Le Maroc, poubelle de la CIA", *Le Journal Hebdomadaire*, (22-XII-2005). También se acusa al gobierno marroquí de participar en el programa de torturas de la CIA en Stephen Grey, *Ghost Plane: The True Story of the CIA Rendition and Torture Program*, St. Martin's Press, Nueva York, 2007 (hay traducción francesa, *Les vols secrets de la CIA: Comment l'Amérique a sous-traité la torture*, Calmann-Lévy, Paris, 2007).

[144] Ali Amar, *Mohamed VI. Le grand maléntendu*, cit., p. 252.

[145] Human Rights Watch, ibídem.; Informe de Dick Marty sobre las "Alegaciones de detenciones secretas y de transferencias ilegales de detenidos concerniente a los Estados miembros del Consejo de Europa", Asamblea Parlamentaria del Consejo de Europa (Allégations de détentions secrètes et de transferts interétatiques illégaux de détenus concernant des Etats membres du Conseil de l'Europe), 12 de junio de 2006. Cfr.:
http://assembly.coe.int/Documents/WorkingDocs/doc06/fdoc10957.pdf

[146] http://www.judiciary.gov.uk/media/judgments/2010/binyam-mohamed-judgments.
La primera sentencia en la que los jueces británicos declaran que Binyam Mohamed fue torturado en Marruecos por cuenta de la CIA es de 2008. La confirmación por la instancia superior es de 2010.

pruebas sobre los "vuelos de la CIA" y la "deslocalización" de las torturas de Guantánamo entre otros países, en Marruecos.

Se ha argumentado, a mi juicio con razón, que la "deslocalización" de las torturas de la CIA en Marruecos es parte de un acuerdo realizado por Mohamed VI con los USA de George W. Bush para conseguir a cambio apoyo político en las pretensiones anexionistas del Sahara Occidental[147].

II.5.B. El derecho a la libertad religiosa ha conocido también violaciones. La naturaleza teocrática del régimen marroquí impone en el país limitaciones a este derecho mucho mayores a las que existen en otras dictaduras del mundo árabe. Puede decirse, a este respecto, que a pesar de su naturaleza dictatorial o autocrática, los regímenes de Egipto, Siria, Jordania, Iraq o Irán tienen un nivel de reconocimiento del derecho a la libertad religiosa muy superior al de Marruecos, tanto antes de como con Mohamed VI. La realidad es que en la persecución de la religión cristiana Mohamed VI no se ha privado de cometer arbitrariedades ni siquiera cuando las víctimas de las mismas eran ciudadanos de su aliado, los Estados Unidos de América. La situación ha llegado al extremo de que a mediados de marzo de 2010, Marruecos expulsara, sin respetar el derecho al debido proceso, a más de cien personas de diversas nacionalidades (entre ellos a más de cuarenta norteamericanos) por realizar, supuestamente, actividades de "proselitismo". El congresista norteamericano, Frank Wolf, co-presidente de la comisión de Derechos Humanos de la Cámara de Representantes, escribió varias cartas a la Secretaria de Estado, Hillary Clinton (13 de mayo de 2010, 19 de mayo de 2010, 8 de junio de 2010), denunciando el deterioro de la libertad religiosa en el Marruecos de Mohamed VI.

II.5.C. La situación de la libertad de prensa se ha deteriorado con Mohamed VI hasta el extremo de que puede decirse que es peor incluso que en los últimos años de Hassán II. El retroceso en la libertad de prensa se pudo apreciar desde el comienzo del reinado de Mohamed VI.

Al poco tiempo de ascender al trono Mohamed VI, el 15 de abril de 2000, se ordenó la prohibición de la edición de los semanarios *Le Journal Hebdo-*

---

[147] Ali Amar, *Mohamed VI. Le grand maléntendu*, cit., p. 252-253.

madaire y *Assahifa*. La "razón" es que *Le Journal* publicó una entrevista al secretario general del Frente Polisario (organización con la que Marruecos negociaba oficialmente en la ONU). *Assahifa* (versión en árabe de *Demain*) no publicó la entrevista, pero al tener el mismo propietario (Média Trust) sufrió también el castigo.

Poco después, el 3 de diciembre de 2000, *Le Journal*, *Assahifa* y otro semanario crítico, *Demain*, fueron definitivamente clausurados. La "razón" fue que publicaron artículos sobre el golpe de Estado de 1972 y sobre la relación del en ese momento primer ministro, Yussufi, con los golpistas de 1972. No fueron los únicos medios que sufrieron secuestros o que vieron cómo se encarcelaba a sus redactores o se les prohibía el ejercicio del periodismo. El caso que tuvo más repercusión fue la condena, el 21 de noviembre de 2001, a cuatro años de prisión que sufrió el director de *Demain*, Ali Lmrabet[148]. Lmrabet inició una huelga de hambre para protestar contra su arbitrario encarcelamiento. Finalmente el régimen de Mohamed VI le liberó tras las presiones del entonces presidente del gobierno español, José María Aznar, y del primo de Mohamed VI, el príncipe Mulay Hicham, exiliado de hecho, amigo del periodista encarcelado y con excelentes relaciones con varios líderes internacionales. El 17 de junio de 2003, Lmrabet es nuevamente condenado a tres años de prisión y sus dos semanarios (*Demain* en francés y *Duman*, en árabe) son cerrados. Desde entonces la represión de la prensa ha sido constante y para ello se han utilizado todos los medios. Lmrabet, en mayo de 2005, volvió a sufrir esta persecución cuando fue condenado a no trabajar como periodista en Marruecos durante 10 años por haber publicado, en un diario español, que los refugiados saharauis en Tinduf no están "secuestrados" como pretende la propaganda oficial del régimen alauita.

En febrero de 2006, los servicios secretos del gobierno hacen correr el bulo de que *Le Journal Hebdomadaire*, publicación crítica con Mohamed VI, había publicado las famosas caricaturas de Mahoma que aparecieron en un diario danés para provocar ataques de masas fanáticas contra la publicación. En verano de 2007, el citado *Le Journal Hebdomadaire* fue obligado a cerrar al no poder pagar una multa astronómica a la que fue condenado por sugerir que un informe de un organismo europeo que criticaba al Frente Polisario había sido pagado por el gobierno marroquí.

---

148 Bendourou, "Transition ", *op .cit.*, p. 241-243.

Meses antes, en enero de 2007, el semanario crítico, en árabe, "*Nichan*", fue prohibido por publicar bromas populares alguna de las cuales afectaba al rey[149].

En 2009, todos los ejemplares (100.000) de los semanarios hermanos "*Tel Quel*" (en francés) y "*Nichane*" (en árabe) que debían ser distribuidos el 1 de agosto de 2009 fueron secuestrados y destruidos antes de su envío a los distribuidores... ¡por publicar una encuesta acerca de Mohamed VI! El ministro del interior, Chakib Benmusa lo dijo claramente: "es la propia idea de una encuesta sobre la monarquía lo que resulta totalmente inaceptable en Marruecos"[150]. El director de la publicación arguyó, por el contrario, que el majzén violaba su propia legalidad[151].

Uno de esos semanarios, *Nichane*, se vio obligado a desaparecer en octubre de 2010, después de que el majzén presionara a los anunciantes para boicotear a la publicación[152].

Como corolario puede decirse que en el momento de someterse a referéndum la nueva reforma "constitucional" supuestamente democrática permanecía en prisión Rachid Niny, director del diario "Al Massae", que, a pesar de su proximidad con el servicio secreto exterior marroquí, fue condenado en sentencia del tribunal de primera instancia de Rabat de 25 de marzo de 2008 a pagar una fuerte multa. La sentencia fue confirmada por el tribunal de apelación de Rabat el 30 de octubre de 2008. Posteriormente, fue encarcelado el 28 de abril de 2011 por publicar ciertas informaciones que sembraban dudas sobre la versión oficial de los atentados de Casablanca de 16 de mayo de 2003 y el papel del servicio de inteligencia interior y el Ministerio del Interior, por lo que fue acusado de "publicación de alegaciones y hechos erróneos e inventados que han producido el pánico en los ciudadanos y por apología del terrorismo"[153].

---

[149] Un relato de la grave situación que padece la libertad de expresión en Marruecos, hecho por alquien que lo sufrío puede verse en Ali Amar, *Mohamed VI. Le grand maléntendu*, cit., p. 183 ss.

[150] "Les raisons de la censure", *Tel Quel* (1-VIII-2009).

[151] Ahmed R. Benchemsi, "Quand le ministère de l'intérieur mente et viole la loi", *Tel Quel* (1-VIII-2009).

[152] Communiqué du Groupe TelQuel (1-X-2010) : Le boycott économique du Pouvoir contraint Nichane, le premier magazine arabophone marocain, à la fermeture. Cfr. :
http://es.groups.yahoo.com/group/sahara-info/message/7082

[153] http://www.demainonline.com/?p=3671
http://es.groups.yahoo.com/group/sahara-info/message/7159

III. UN PROCESO PSEUDO-CONSTITUYENTE

III.1. EL MOVIMIENTO "20 DE FEBRERO" DE 2011 DE REBELIÓN PACÍFICA

III.1.A. Desde finales de 2010, el mundo árabe se ha visto sacudido por una serie de protestas pacíficas que han alterado profundamente la situación política en varios países de la región del Oriente Medio y el Norte de África.

Algunos autores, como Noam Chomsky, consideran que las revoluciones árabes tienen su inicio en la rebelión pacífica saharaui organizada en el campamento de Akdaim Izik, cerca de El Aaiun, capital del Sahara Occidental ocupado[154]. El campamento, creado el 9 de octubre y destruido violentamente por las fuerzas de ocupación marroquí el 8 de noviembre, reunió a unos 20.000 saharauis para protestar contra el expolio de las riquezas naturales del territorio por la potencia ocupante, en contraste con la grave situación de pobreza y desempleo de la población nativa. Las imágenes del campamento pacífico de protesta y las imágenes de su destrucción fueron vistas en todo el mundo árabe.

Apenas unas semanas después, el 17 de diciembre de 2010, en Túnez, un joven vendedor ambulante llamado Mohamed Bouazizi, se quemó a lo

---

[154] Intervención de Noam Chomsky en "Democracy now", el 17 de febrero de 2011. Sus palabras fueron: "In fact, the current wave of protests actually began last November in Western Sahara, which is under Moroccan rule after a brutal invasion and occupation. The Moroccan forces came in, carried out - destroyed tent cities, a lot of killed and wounded and so on. And then it spread.". Cfr.:

http://www.democracynow.org/2011/2/17/the_genies_are_out_of_the

"bonzo", falleciendo días después. Aquel hecho fue el desencadenante de una protesta pacífica contra el régimen de Zinedine Ben Ali que terminó con la huida de éste del país el 14 de enero de 2011.

Muy poco después, la rebelión se extendió a Egipto. El 25 de enero de 2011 se produjo una multitudinaria manifestación contra el régimen de Hosni Mubarak iniciándose en la plaza Tahrir (Liberación, en árabe) un campamento de protesta que concluyó con la renuncia de Mubarak al poder el 11 de febrero.

Por esas fechas se produjeron también protestas en algunos otros países del mundo árabe[155].

III.1.B. La agencia EFE informó de que el 21 de enero un saharaui, en la ciudad ocupada de Smara, y un marroquí en Casablanca se quemaron a lo "bonzo"[156] (noticias posteriores dicen que fueron dos personas, y no una las que intentaron quemarse en Marruecos). Francia y su tutelado Mohamed VI, comenzaron a preocuparse por el curso de los acontecimientos. El día 27 de enero, Mohamed VI emprendió un viaje secreto a París para entrevistarse con Sarkozy, al tiempo que algunas tropas del Sahara Occidental ocupado fueron desplazadas al interior de Marruecos en previsión de posibles revueltas Aunque algún medio español intentó "desactivar" el alcance de la noticia diciendo que el viaje fue de "vacaciones", lo cierto es que es difícil calificar de "vacaciones" un viaje de un día a París para entrevistarse con el presidente Sarkozy[157]. El gobierno marroquí intentó un desmentido parcial (no negó el viaje a París, secreto, pues no fue anunciado oficialmente ni por Marruecos ni por Francia) de Mohamed VI, aunque negaba el movimiento de tropas), pero el periodista Lmrabet mantuvo su información[158]. Unos días después, cuarenta

[155] Una suscinta relación de estas protestas puede verse en mi trabajo "Rebelión en Siria: ¿en la encrucijada o hacia el precipio?", en *Anuario de Derecho Internacional*, vol. 27 (2011), p. 243 ss. (p. 248-250).

[156] http://www.elcorreo.com/agencias/20110122/mas-actualidad/sociedad/muere-marruecos-hombre-prendio-fuego_201101221728.html

[157] El viaje fue revelado por el periodista marroquí, y antiguo preso político, Ali Lmrabet, a través de su "muro" de Facebook. Carlos Ruiz Miguel, Cfr.:
http://blogs.periodistadigital.com/desdeelatlantico.php/2011/01/30/viaje-secreto-de-mohamed-vi-a-paris-ipar

[158] Carlos Ruiz Miguel, Cfr.:
http://blogs.periodistadigital.com/desdeelatlantico.php/2011/01/31/p288527#more288527

profesores intentaron quemarse a lo "bonzo" delante de la sede del Ministerio de Educación en Rabat, aunque sólo dos lo consiguieron[159]. Unos días después de celebrada la manifestación del 20 de febrero aún se quemaron dos personas más, de las que una falleció[160].

III.1.C. La situación social era, por tanto, de gran inestabilidad en Marruecos. Sin embargo, algunos políticos de Marruecos y de España insistían en afirmar la "excepción" marroquí frente a la ola de cambios que azotaba el mundo árabe.

En Marruecos, el ex–ministro de comunicación, Nabib Benabdallah, dijo el 31 de enero que "Marruecos no está afectado por la ola de protestas que experimenta el mundo árabe porque el rey ya ha hecho la revolución de jazmín en Marruecos contra la pobreza y la precariedad"[161]. Por su parte, la ministra española de Asuntos exteriores, Trinidad Jiménez García-Herrera, en el Consejo de Ministros de la UE, "ha aprovechado su intervención en el debate para expresar apoyo a Marruecos y destacar que es el país de la región con un proceso democrático "más consolidado", por lo que la UE debería "fortalecer" los vínculos con él"[162].

III.1.D. En este contexto, un grupo de personas, a través de "Facebook" convocaron a los marroquíes a manifestarse para el 20 de febrero de 2011. Conforme se acercaba la fecha el nerviosismo del régimen marroquí fue en aumento sobre todo porque, poco antes de las manifestaciones, se produjeron dos adhesiones al movimiento de una importancia política extraordinaria. Por un lado, el primo carnal de Mohamed VI, el príncipe Mulay Hicham, que defiende la democratización del sistema marroquí y que vive exiliado de facto

---

159 "Cuarenta profesores intentan quemarse a lo bonzo en Marruecos", *La Opinión de Coruña* (2-II-2011).

160 http://www.libertaddigital.com/mundo/dos-personas-mas-se-queman-a-lo-bonzo-en-marruecos-basta-de-humillacion-1276415421/

161 Carlos Ruiz Miguel, Cfr.: http://blogs.periodistadigital.com/desdeelatlantico.php/2011/02/01/pateticos-intentos-de-impedir-la-revoluc

162 http://www.europapress.es/nacional/noticia-egipto-trinidad-jimenez-dice-mubarak-ue-apoya-gobiernos-no-personas-20110131210031.html

en los Estados Unidos y donde ha asesorado al presidente Obama, después de haber negado que Marruecos fuera una "excepción" en el mundo árabe[163], expresó su apoyo a las manifestaciones en una larga entrevista que se le hizo en la televisión "France 24 h" el día 18 de febrero[164]. Por otro lado, también dio apoyo al "20 de febrero" el jeque Abdesalam Yasín, líder del movimiento islamista pacífico "Justicia y Caridad", uno de las más, o la más importante, asociación existente en Marruecos, pero que no está reconocido legalmente porque niega al rey el título de "príncipe de los creyentes"[165].

El pánico de las autoridades marroquíes era creciente. El 15 de febrero, cinco días antes de la fecha prevista para la movilización, el Gobierno anunció que duplicaba los subsidios a los productos básicos (productos alimenticios de primera necesidad, gas de cocina y gasolina)[166]. Pero no era suficiente y en una operación de intoxicación de última hora, la agencia oficial de prensa publicó, en la víspera de las manifestaciones, una noticia absolutamente falsa titulada "<El movimiento libertad y democracia ahora en Marruecos> anula la manifestación del domingo"[167].

III.1.E. Finalmente, llegó el domingo 20 de febrero. En un nuevo intento de boicotear las manifestaciones pacíficas, el régimen infiltró a algunos matones para producir destrozos materiales y daños personales.

No obstante, el éxito de las manifestaciones fue rotundo. No se recuerda en la historia de Marruecos que se produjeran, simultáneamente, en tantas ciudades marroquíes tantas manifestaciones. Hubo manifestaciones simul-

---

163 Príncipe Mulay Hicham: "Marruecos no será la excepción". Entrevista publicada en *El País* (31-I-2011).

164 http://www.france24.com/fr/20110218-fr-entretien-prince-moulay-hicham-el-alaoui-maroc-mohammed-vi-transition-chercheur-stanford-democratie

165 Carlos Ruiz Miguel, Cfr.:
http://blogs.periodistadigital.com/desdeelatlantico.php/2011/02/20/panico-del-majzen-ante-la-manifestacion-

166 Ignacio Cembrero, "Ofensiva marroquí para diluir la manifestación del domingo", *El País* (16-II-2011).

167 Carlos Ruiz Miguel, Cfr.:
http://blogs.periodistadigital.com/desdeelatlantico.php/2011/02/20/panico-del-majzen-ante-la-manifestacion-

táneamente en casi sesenta ciudades marroquíes[168]. No sólo hubo muchas manifestaciones, sino que además, esas manifestaciones (como se puede comprobar en los videos) fueron muy concurridas. Se especula que fueron 400.000 los marroquíes que a lo largo de todo el país se manifestaron[169]. En una página web[170] se ofrecen cifras de participación de algunas de estas manifestaciones con cifras elocuentes y creíbles si se ven los videos de las manifestaciones[171].

III.1.F. Como en otros momentos de la historia reciente marroquí, voces marroquíes y extranjeras surgieron para quitar importancia a la movilización. Así, un periodista, David Alvarado, titulaba un día después de las manifestaciones: "Marruecos sale tímidamente a la calle para pedir reformas políticas"[172]. Por su parte, el ministro de asuntos exteriores marroquí, Taieb Fassi-Fihri, ante la observación que le hizo un periodista portugués acerca de que "los jóvenes marroquíes dicen que el Parlamento no tiene poderes, y no sienten que tengan una participación en el régimen político", contestó: "sólo espero que, después de la transición en Túnez y en Egipto, esos países consigan aprobar una Constitución como la que tenemos nosotros"[173].

Los hechos, sin embargo, desmentirían a quienes trataron de quitar importancia a la movilización del 20 de febrero. El 6 de marzo se convocaría,

---

168 Un mapa con los lugares de las manifestaciones y videos sobre las mismas se puede consultar aquí:

http://www.mamfakinch.com/video-mapping-the-protests-in-morocco-feb20-cartographie-video/

169 Pierre Obolensky, "Le printemps arabe s'arrête-t-il aux portes du Maroc ?" (20-V-2011). Cfr. :

http://www.michelcollon.info/Le-printemps-arabe-s-arrete-t-il.html?lang=fr

170 http://lakome.com/politics/78-news-politics/2594--20--240-----.html

171 Rabat: más de 16.000; Casablanca: más de 8.000; Marrakech: más de 50.000; Kenitra: 5.000; Alhucemas: más de 50.000; Tetuán: 50.000; Tánger más de 10.000; Uxda: más de 5.000; Safi: más de 2.000; Agadir e Inzigán: más de 60.000; Tata: 1.000

172 David Alvarado, "Marruecos sale tímidamente a la calle para pedir reformas", *La Voz de Galicia* (21-II-2011).

173 *Público* (24-II-2011), Entrevista a Taib Fassi Fihri, Ministro dos Negócios Estrangeiros de Marrocos: "Espero que a Tunísia e o Egipto aprovem uma Constituição como a nossa"; Cfr.

http://www.publico.pt/Mundo/ministro-dos-negocios-estrangeiros-de-marrocos-espero-que-a-tunisia-e-o-egipto-aprovem-uma-constituicao-como-a-nossa_1481938?all=1 también por "Facebook" una nueva manifestación, esta vez ante la sede del Parlamento.

III.2. EL DISCURSO DEL REY MARROQUÍ DE 9 DE MARZO

III.2.A. A pesar de declaraciones como la del ministro de Asuntos Exteriores marroquí proponiendo la "Constitución" marroquí de 1996 como "modelo" para los demócratas de Túnez y Egipto y a pesar de algún periodista que dijo que los marroquíes habían salido "tímidamente" a la calle, la realidad es que el 20 de febrero se produjo una conmoción en el sistema.

El régimen alauita adoptó la táctica del "palo y la zanahoria". Por un lado, Mohamed VI trató de tomar la iniciativa y aparentar que se preocupaba por las demandas sociales de la población.

A tal efecto, un día después de las manifestaciones del 20 de febrero, decidió crear el "Consejo Económico y Social" que se había introducido en la "Constitución" 19 años antes, en 1992, pero que aún no había pasado del papel[174].

Como era claro que esta medida era insuficiente, el régimen apenas unos días después, el 3 de marzo, aprobó un dahir creando el Consejo Nacional de Derechos Humanos al que atribuyó la competencia de poder pedir a los tribunales que investiguen presuntas violaciones de derechos humanos.

Por otro lado, el régimen procesó y encarceló a varios manifestantes del 20 de febrero[175]. Sin embargo, el régimen era consciente de que el movimiento de protesta tenía una envergadura tal que intentar hacerle frente con el establecimiento de un "Consejo Económico y Social" o con un "Consejo Nacional de Derechos Humanos" controlado por el rey era inútil.

---

[174] Discurso de Mohamed VI de 21 de febrero de 2011, con ocasión del establecimiento del Consejo Económico y Social

[175] "Prisión para 19 prodemócratas marroquíes" (*La Razón* 31-III-2011); "Penas de cárcel para ocho manifestantes del 20 de febrero" (*ABC*, 24-III-2011); "La Cour d'appel de Tétouan réduit de 10 à 4 ans la peine d'un prévenu impliqué dans des actes de vandalisme" (*MAP*, 26-IV-2011); "Actes de vandalisme à Tétouan et Chefchaouen : Report au 3 mai du procès en appel de 18 prévenus" (*MAP*, 26-IV-2011); "Vandalisme à Larache: deux ans de prison avec sursis pour 19 personnes et acquittement de deux autres" (*MAP*, 27-IV-2011).

Para intentar hacer frente a esta situación, Mohamed VI anunció una reforma constitucional. Pero para no "perder la cara" tenía que encontrar una excusa que hiciera parecer que la "reforma" no se debía a una cesión ante la presión popular. La maniobra era muy hábil y pretendía conseguir tres objetivos: primero, no aparentar debilidad ante la presión popular; segundo, aprovechar el momento para "resucitar" el supuesto proyecto de "regionalización avanzada" que tantas veces se había anunciado; y, tercero, realizar un referéndum que incluyera el Sahara Occidental ocupado para poder alegar que los saharauis ya se habían pronunciado a favor de su "marroquinidad".

III.2.A.a. El primer objetivo queda claro al comienzo del discurso de 9 de marzo. Para aparentar que esta propuesta no se hizo bajo la presión de las manifestaciones del 20 de febrero, Mohamed VI fingió que esta reforma estaba motivada por el proceso de "regionalización avanzada" a pesar de que, concluido el año 2010, no hubo ninguna presentación oficial alguna del proyecto que debía haber presentado la "Comisión consultiva para la regionalización". En efecto, Mohamed VI comenzó su discurso de 9 de marzo con estas palabras:

> *"Querido pueblo, Me dirijo hoy a ti para informarte del comienzo de la fase siguiente del proceso de regionalización avanzada, con todo el potencial de que es portador para la consolidación de nuestro modelo de democracia y de desarrollo y lo que conlleva de revisión constitucional profunda".*

Para luego, deslizar el discurso hacia uno de los verdaderos objetivos, que era el intentar cortar el descontento popular manifestado el 20 de febrero:

> *"Querido pueblo, comprometido en que la regionalización disponga de los medios necesarios para alcanzar su plena eficacia, Nos hemos decidido inscribir este proceso en el marco de una **reforma constitucional** global dedicada a la modernización y la puesta a punto de las estructuras del Estado*
>
> *(...)*
>
> *Nos hemos decidido emprender una **reforma** constitucional global sobre la base de siete grandes fundamentos:*

- *Primero, la consagración constitucional de la pluralidad de la identidad marroquí unida y rica de la diversidad de sus afluentes, en cuyo corazón figura la amazigidad, patrimonio común de todos los marroquíes sin exclusiva;*
- *Segundo, la consolidación del Estado de Derecho y de sus instituciones, la ampliación del campo de las libertades individuales y colectivas y la garantía de su ejercicio (...)*
- *Tercero, la voluntad de elevar la justicia al rango de poder independiente, de reforzar las prerrogativas del Consejo Constitucional (...);*
- *Cuarto, la consolidación del principio de separación y equilibro de poderes y la profundización de la democratización, la modernización y la racionalización de las instituciones mediante:*
  - o *Un parlamento salido de elecciones libres y sinceras, en el que la preeminencia sea dada a la Cámara de representantes*
  - o *Un gobierno elegido, emanado de la voluntad popular expresada a través de las urnas y que goce de la confianza de la mayoría de la Cámara de representantes*
  - o *La consagración del principio de propuesta del primer ministro del seno del partido político más votado en las elecciones a la Cámara de representantes y sobre la base de los datos del escrutinio*
  - o *El refuerzo del estatuto del primer ministro en tanto que jefe de un poder ejecutivo efectivo y plenamente responsable del gobierno, de la administración pública y de la puesta en marcha del programa gubernamental*
  - o *La constitucionalización de la institución del Consejo de Gobierno, la definición y la clarificación de sus competencias*
- *Quinto, el reforzamiento de los órganos y útiles constitucionales de encuadramiento de los ciudadanos, en especial, a través de la consolidación del papel de los partidos políticos en el marco de un pluralismo efectivo y de la afirmación del estatuto de la oposición parlamentaria y del papel de la sociedad civil.*
- *Sexto, la consolidación de los mecanismos de moralización de la vida pública y la necesidad de vincular el ejercicio de la autoridad y de toda responsabilidad o mandato público a los imperativos de control y de rendición de cuentas.*

- *Séptimo, la constitucioalización de las instancias encargadas del buen gobierno, de los derechos humanos y de la protección de las libertades".*

En el cuerpo central del discurso de 9 de marzo quedó, por tanto, claro, muy claro, por mucho que se intentara disimular, que el verdadero motivo de la reforma era satisfacer las demandas populares de mayor democracia y que no tenían ninguna relación con la "regionalización avanzada" que fue sólo la hábil excusa para no dar la impresión de que, por primera vez en la historia de Marruecos, el monarca actuaba presionado por la opinión pública.

III.1.A.b. Las palabras de Mohamed VI eran igualmente poco creíbles al pretender que la "reforma" se emprendía para dar un nuevo paso en el proceso de "regionalización avanzada".

En primer lugar, era poco creíble que esta reforma se debiera al proceso de "regionalización avanzada", porque, después de la supuesta "reflexión" de la comisión consultiva, que tanto tiempo llevó, Mohamed VI, va a decidir hacer lo opuesto a lo que sugirió la Comisión nombrada por él y que, sin ninguna duda, siguió en todos momentos las "altas instrucciones" emanadas del monarca[176]:

> *"Siguiendo un modelo progresivo, la comisión ha propuesto la posibilidad de instaurar la regionalización avanzada por medio de una ley, en el marco institucional actual, esperando que maduren las condiciones para su constitucionalización.*
>
> *Ahora bien, Nos estimamos que Marruecos, vistos los progresos que ha realizado en materia de democracia, está en condiciones de emprender la consagración constitucional de la regionalización. Nos ha parecido juiciosa esta audaz decisión porque Nos preten-*

[176] No es correcta, por tanto la afirmación hecha por Ignacio Cembrero de que "*Mucho antes de que el soberano alauí hiciese su famosa alocución de 9 de marzo, Marruecos ya preparaba una modificación de la Constitución, pero de mucho menor alcance. Presidida por Omar Azziman, el exembajador marroquí en España, una Comisión elaboró, por encargo del rey y a lo largo de 2010, un proyecto de regionalización del país. Su puesta en práctica requeria enmendar la Carta Magna*". Cfr. Ignacio Cembrero, "La protesta árabe aceleró la reforma", *El País* (18-VI-2011).

demos que la regionalización avanzada sea la emanación de la voluntad popular expresada por referéndum".

Pero además, en segundo lugar, basta examinar los supuestos motivos que llevan a Mohamed VI a "constitucionalizar" la "regionalización avanzada" para ver lo poco creíble que son los supuestos objetivos que tenía esa decisión de "constitucionalización". Según el discurso de 9 de marzo de Mohamed VI esos objetivos eran :

1) "conferir a la región el lugar que le corresponde en la Constitución entre las colectividades locales". Pues bien, ese lugar ya lo tenía en el artículo 100 de la "Constitución" vigente.

2) "prever la elección de los consejos regionales por sufragio universal directo". Pues bien, esa previsión ya existía en la ley vigente de 1997, por lo que la "constitucionalización" puede añadir una garantía formal pero no añade nada sustancial que permita hablar de una "audaz" decisión.

3) "conferir a los presidentes de los consejos regionales el poder de ejecutar las deliberaciones de dichos consejos, en lugar de los gobernadores y prefectos". Esto sí que exigía una reforma del artículo 101.2 del texto "constitucional" vigente. Ahora bien, resulta que según el art. 145.1 del nuevo texto "constitucional" en las colectividades territoriales " los prefectos y los gobernadores (...) representan al poder central" y "en nombre del gobierno aseguran la aplicación de las leyes, ejecutan los reglamentos y las decisioies gubernamentales y ejercen el control administrativo". Es decir, que si los presidentes de los consejos regionales ejecutan las decisiones, lo hacen tutelados por los gobernadores y prefectos. El gobierno central, por tanto, sigue controlando las regiones.

4) "reforzar la participación de la mujer en la gestión de los asuntos regionales". Pues bien, la reforma de 2011 no ha introducido ningún precepto específico al respecto en relación con las regiones.

5) "refundar la composición y las atribuciones de la Cámara de Consejeros, con vistas a consagrar su representatividad territorial". Pues bien, en cuanto a las atribuciones, es cierto que la reforma introduce una

novedad, aunque de poco calado a mi ver, que es que las leyes que afecten a las regiones deben ser examinadas primero por la Cámara de Consejeros y luego por la Cámara de Representantes, invirtiendo el procedimiento ordinario (art. 78 del texto de 2011); ahora bien, los cambios en cuanto a la composición son aún menos relevantes. Mientras el art. 38 del texto vigente en el momento del discurso establecía que 3/5 de los consejeros debían ser elegidos por un colegio electoral en cada región compuesto por representantes de las tres colectividades locales (municipio, provincia y región), el nuevo art. 63 del texto de 2011 establece que 1/5 de los consejeros es elegido por cada Consejo regional entre sus miembros y 2/5 son elegidos por un colegio electoral compuesto por miembros de los consejos municipales y provinciales. Como se ve, el cambio es bien nimio. Y todo ello, sin olvidar que en el mismo discurso de 9 de marzo de 2011, Mohamed VI establece que la reforma debe garantizar la primacía de la Cámara de Representantes sobre la Cámara de los Consejeros...

Por si este argumento exegético no fuera suficiente, existe un tercer argumento que elimina, definitivamente, cualquier duda al respecto. El ministro de comunicación del régimen alauita, Jalid Nassiri, declaró a la cadena televisiva *France 24h*, después de convocado el referéndum sobre la nueva "Constitución" que "*después de 11 años de reinado, era evidente que el rey Mohamed VI tenía necesidad de una Constitución que lleve, de modo más consciente, su huella y su propia personalidad*". El ministro reconocía, no obstante, que en este sorprendente acto (parece que Mohamed VI tardó 11 años en darse cuenta de ello) jugaron un papel las manifestaciones del "20 de febrero" que, a su juicio, lo que hicieron fue "acelerar" la puesta en marcha de ese objetivo de Mohamed VI[177].

III.1.A.c. Finalmente, el discurso también permitía descubrir el tercer objetivo. Según la normativa vigente, cuando es el rey quien propone una reformas "constitucional", la misma se debe someter a referéndum. Surgía así la oportunidad de celebrar un referéndum, por primera vez en el reinado

[177] Badr Soundouss, "Pour Khalid Naciri, c'est le roi qui « avait besoin d'une constitution »", *Demain online* (20-VI-2011).

de Mohamed VI, que incluyera el territorio del Sahara Occidental ocupado. Hassán II lo había hecho ya. Y ahora se repetía la táctica.

¿Cuál era la utilidad de este referéndum en relación con las pretensiones anexionistas del Sahara Occidental? A mi juicio la de crear un censo "marroquí" de la población del Sahara Occidental que, junto a la población sahariana autóctona, incorpore a los numerosos colonos marroquíes establecidos en los territorios ocupados de Saguia el Hamra y Río de Oro. La pretensión se entiende plenamente si consideramos que el único censo actualmente válido de la población saharaui es el censo elaborado por la Misión de Naciones Unidas para el Referéndum en el Sahara Occidental (MINURSO). La MINURSO concluyó el censo de la población auténticamente saharaui en enero de 2000[178]. Desde entonces, Marruecos ha intentado hacer todo lo posible para que se acepte un nuevo censo que incorpore a los colonos marroquíes. La necesidad de hacer un censo para la realización del referéndum "constitucional" de 2011 también en el Sahara Occidental constituye así un elemento de presión marroquí en su propósito anexionista del territorio.

III.2.B. El discurso de Mohamed VI, sin embargo, no satisfizo las expectativas democráticas del que empezó ya a calificarse como "movimiento 20 de febrero". Nuevas manifestaciones masivas se sucedieron. El 13 de marzo, apenas unos días después del discurso de Mohamed VI, se repiten las manifestaciones, esta vez reprimidas violentamente por la policía. Esa represión, lejos de acabar con el movimiento, lo consolidó y permitió ampliar su esfera de influencia a los sectores más explotados del país, y no sólo a los que demandaban democracia política. Las manifestaciones seguirán organizándose por todo Marruecos con una participación masiva. El 20 de marzo y el 24 de abril, en casi 100 localidades marroquíes se manifestaron unas 600.000 personas. Las manifestaciones se sucedieron el 1 de mayo (junto a los sindicatos) el 22 de mayo. El 8 de mayo también se convocó una manifestación, sólo en Marrakech, para reclamar que el terrorismo (el 28 de abril estalló una bomba en un café de Marrakech sobre el que el gobierno marroquí dio luego informaciones que el tiempo ha desmentido) no frenara las reformas.

---

[178] Informe del Secretario General de Naciones Unidas S/2000//131, de 23 de febrero de 2000. Véanse los parágrafos 6-8 de dicho informe.

Para hacer frente al "movimiento 20 de febrero", el régimen renovó su táctica de acoso al mismo, presionando a un empresario que financió movimiento en sus inicios[179], y además empezó a promover manifestaciones de sus partidarios[180] que, sin embargo, nunca llegaron a contar con tantos participantes como las de la oposición y tampoco consiguieron un número simultáneo de manifestaciones a lo largo del país como las que consiguió la oposición.

III.3. ELABORACIÓN DE LA NUEVA CARTA OTORGADA

III.3.A. Las constantes del majzén

En el pasado, en la época de Hassán II, como hemos visto, la elaboración de la "Constitución" o de sus reformas se hacía por el rey que, a tal efecto, designaba a personas de su confianza para que articularan sus pretensiones. Como ya se ha dicho anteriormente, un ejemplo de ello son las reformas "constitucionales" de 1992 y 1996 que fueron elaboradas por dos juristas franceses, Rousset y Vedel, junto a algún jurista marroquí.

Muy cínicamente Hassán II negó que los textos "constitucionales" elaborados bajo su reinado a través de este procedimiento fueran "cartas otorgadas". En un discurso de 21 de mayo de 1980, con ocasión de un referéndum constitucional dijo que la adopción por referéndum tiene por efecto que el papel del pueblo sea "el de una verdadera asamblea constituyente"[181].

Aunque uno de los protagonistas del nuevo proceso haya dicho que el proceso iniciado el 9 de marzo "rompe con las revisiones constitucionales precedentes"[182], la realidad es que la elaboración de la nueva "Constitución" ha seguido el método constante en Marruecos, con ligeras modificaciones. Es cierto que al día siguiente de anunciar el proceso de reforma, Mohamed VI

---

179 "Karim Tazi veut contrôler les slogans du mouvement du 20 février" (*Demain online*, 18-V-2011); "Karim Tazi répond à « Demain » sans y répondre" (*Demain online*, 23-V-2011); ; "Un « silencieux » appelé Abdellatif Zaghnoun" (*Demain online*, 28-V-2011).

180 "Manifestation devant le siège du Parlement en soutien au projet d'autonomie au Sahara et à la réforme constitutionnelle" (*MAP*, 8-IV-2011).

181 Discurso de Hassán II de 21 de mayo de 1980; cit. por Torelli, *op. cit.*, p. 123-124.

182 "Constitution. Menouni s'exprime pour la première fois", entrevista de Mohamed Chaoui, *L'Économiste* (30-VI-2011).

dijo que "la primera y la última palabra corresponden al pueblo marroquí"[183]. Meses después, Mohamed VI dijo en su discurso de presentación del nuevo texto "constitucional" que "Nos hemos cuidado de que, por primera vez en la historia de nuestro país, la Constitución sea hecha por los marroquíes, por todos los marroquíes"[184]. Pero lamentablemente estas afirmaciones no son ciertas.

III.3.B.Nombramiento de dos Comisiones y reparto de funciones

Como en el pasado, la primera palabra ha sido del rey. Ha sido el propio rey el que ha nombrado y elegido a los miembros de una "Comisión consultiva" que sólo a él rendían cuentas de su trabajo. Pero hay una particularidad y es que esta vez se nombraron dos comisiones.

La primera de las comisiones, estaba compuesta de 19 miembros. A este respecto, conviene llamar la atención sobre un punto. El 9 de marzo, al anunciar la reforma, Mohamed VI dijo que "Nos hemos decidido constituir una *comisión ad hoc* para la revisión de la Constitución" y que "Nos hemos confiado la presidencia al Sr. Abdeltif Menuni"[185]. La designación de Menuni no hacía sino confirmar que se mantenía una constante en el régimen alauita. En efecto, se trata de un jurista y teólogo marroquí que había sido designado por Hassán II para colaborar con Rousset y Vedel en la preparación de las reformas de 1992 y 1996[186]. El dato es importante porque Rousset, con el que colaboró Menuni, no sólo fue un jurista de confianza de Hassán II, sino que también tenía una relación de confianza con Mohamed VI pues Hassán II designó a Rousset como mentor de su hijo y príncipe heredero cuando le envió a estudiar a Niza[187]. La designación de Menuni no dejaba de ser significativa pues como ha indicado un intelectual marroquí crítico con el régimen, "Mohamed VI ha nombrado a la cabeza de la comisión encargada de presentar el proyecto de reforma de la Constitución a la misma persona que preside los destinos del

---

[183] Discurso de Mohamed VI de 10 de marzo de 2011.

[184] Discurso de Mohamed VI de 17 de junio de 2011.

[185] Discurso de Mohamed VI de 9 de marzo de 2011.

[186] "Abdeltif Menouni a participé aux constitutions de 1992 et 1996", *Bladi.net* (17-III-2011).

[187] Tuquoi, *Majesté, je dois beaucoup à votre pére* , cit., p. 129-130.

viejo Consejo Constitucional. Un hombre cuya misión era hacer respetar una Carta Magna que consagra el poder casi absoluto del rey"[188].

Sin embargo, al día siguiente, Mohamed VI anunció el establecimiento de una segunda comisión, la *Comisión Consultativa de Revisión de la Constitución*. Mohamed VI dijo que "Nos hemos confiado la presidencia (de la Comisión) a Nuestro consejero Mohamed Moatassim"[189].

Existen, por tanto, dos Comisiones cuyo trabajo no estaba, teóricamente, bien perfilado, pero que en la práctica parece que se distribuyeron el trabajo de este modo: la "Comisión ad hoc" de Menuni realizaba el trabajo "técnico" de redacción y lo iba sometiendo a la "Comisión Consultativa" de Moatassim para ir teniendo el visto bueno "político" del rey[190]. En cualquier caso, resulta bastante escandaloso que no haya habido ninguna norma que precisara las tareas de una y otra comisión, máxime cuando se trata de una tarea de esta importancia.

A la vista de lo anterior, no puede extrañar que algunos fundadores del "movimiento 20 de febrero" que había desencadenado el proceso a favor de la democracia decidieran boicotear la comisión "'tecnica" o "comisión Menuni" cuando fueron invitados por ésta a presentar sus propuestas. Sus argumentos eran claros. Nizar Bennamate, uno de los fundadores del movimiento, justificaba su rechazo con estas palabras: "estamos contra esta comisión porque ha sido nombrada de forma unilateral, no democrática, y porque el marco de trabajo de esta comisión ha sido trazado por el rey. Acudir a la misma es pura figuración"[191].

III.3.C. Las consultas públicas...

Si bien se mantuvo el sistema, constante desde Hassán II, de crear una "comisión" para redactar el proyecto, Mohamed VI introdujo un pequeño cam-

---

188 Aboubakr Jamaï, "La reforma hacia atrás de Mohamed VI", *El Mundo* (20-III-2011).

189 Discurso de Mohamed VI de 10 de marzo de 2011.

190 Menuni dice que "se trata ciertamente de una comisión técnica, pero que reviste carácter político". Cfr.: "Constitution. Menouni s'exprime pour la première fois",entrevista de Mohamed Chaoui, *L'Économiste* (30-VI-2011).

191 Ilhem Rachidi, "Maroc : le Mouvement du 20 février refuse la Commission du roi", *Rue 89* (17-IV-2011).

bio en esta constante pseudo-constituyente. En los discursos de presentación de la iniciativa de reforma y de establecimiento de la comisión consultiva, Mohamed VI invitó a que la "Comisión ad hoc" ("técnica") y la "Comisión Consultativa" ("política") se "concertasen" con los agentes políticos-sociales. Mohamed VI dijo que "Nos invitamos, por otro lado, a la comisión ("ad hoc") a estar a la escucha y a concertarse con los partidos políticos, los sindicatos, las organizaciones de jóvenes y los actores asociativos, culturales y científicos cualificados, para recoger sus concepciones y puntos de vista sobre este asunto" [192] y que "Nos hacemos un llamamiento a la comisión ("Consultiva") para que siga un método de escucha y de concertación con todas las instancias y los actores cualificados, sin excepción alguna".

La oposición del "20 de febrero" se opuso a este "método". En primer lugar, consideró que no se daban las condiciones para proceder a un proceso de democratización y a tal efecto mencionaba cuatro: la liberación de todos los prisioneros políticos; la adopción de medidas contra la corrupción; la dimisión del gobierno; y la disolución del parlamento. En segundo lugar, la oposición expresó su temor de que el proceso de consultas fuera sólo una apariencia. Uno de los fundadores del "movimiento 20 de febrero", Mohamed Lmossayer, declaraba que "tememos que se contenten con escucharnos sin tener en cuenta nuestras propuestas". Y añadía: "sabemos que no se puede salir de los 7 puntos enunciados en su discurso (del rey). Desde el comienzo se han puesto límites (al debate). Consecuentemente con lo anterior, algunos partidos contrarios al régimen, como el "Partido Socialista Unificado" (PSU) y "Annahj Addimocrati" decidieron someter sus propuestas a la opinión pública pero no acudir a la "comisión Menuni". El PSU se pronunció a favor de una monarquía parlamentaria donde sólo el parlamento tenga el poder legislativo y "Annahj" reclamó una Constitución que ponga fin al despotismo y establezca un Estado democrático laico[193].

Existe un relato edulcorado del proceso nos muestra a Menuni recibiendo en la puerta a los partidos citados a comparecer, tras lo cual les invita a exponer su proyecto y, supuestamente, debate sus propuestas...[194] sin que haya ninguna

---

[192] Discurso de Mohamed VI de 9 de marzo de 2011.

[193] Ilhem Rachidi, "Maroc : le Mouvement du 20 février refuse la Commission du roi", cit.

[194] Souleiman Bencheikh, "Maroc: pas de consensus sur la réforme de la constitution", *L'Express* (10-V-2011).

garantía de que ese debate vaya a plasmarse en el texto. Además, conocemos dos testimonios de la "Comisión Menuni" o "técnica", sobre el modo de operar de la misma: el del propio Menuni y el de Mohamed Tozy.

Según Menuni, la Comisión trabajó durante un mes, escuchando las proposiciones de un centenar de organizaciones, entre las que había partidos, sindicatos y diversas asociaciones. Menuni dice que la Comisión ha trabajado "con toda libertad", pero dice que él mismo responde a las aspiraciones de los partidos políticos al mismo tiempo que tomaba en consideración las consultas hechas con la comisión "política" a la que él llama "mecanismo político de seguimiento", de suerte que el 98% de las decisiones se tomaron por unanimidad[195]. Por su parte, según Tozy, la comisión "técnica" "hizo un amplio examen en el que hubo una mayoría de personalidades de prestigio". A su juicio, "las comparecencias no han sido formales" pues "han dado lugar a debates acalorados en el seno de la comisión"[196], algo que no se compadece bien con la afirmación de Menuni de que el 98% de las decisiones se tomaron por unanimidad. Todo parece indicar que, al menos, uno de los dos (sino ambos) falta a la verdad.

Por el contrario, no hay testimonios del funcionamiento de la "Comisión Moatassim" o "política". Apenas hay algunos datos a partir del testimonio de Menuni. Ante la pregunta de un periodista marroquí sobre los rumores de eventuales enfrentamientos entre Menuni (presidente de la comisión "técnica") y Moatassim (que presidía la comisión "política"), Menuni afirmó que "no podría haber desacuerdos desde el momento en que las misiones de uno y otro han sido definidas respectivamente en los discursos de 9 y 10 de marzo. Hemos trabajado de concierto en una atmósfera totalmente amigable"[197]. Las palabras de Menuni, sin embargo, son escasamente creíbles y no sólo porque basta leer los discursos del 9 y del 10 de marzo para comprobar que las misiones de una y otra comisión no estaban, ni muchísimo menos, claramente definidas. Es que además, en la misma entrevista en la que declaraba que no había desacuerdos entre ambos... Se desmintió a sí mismo al revelar que la comisión Moatassim descartó numerosas propuestas que había hecho la comisión Menuni.

---

[195] "Constitution. Menouni s'exprime pour la première fois", entrevista de Mohamed Chaoui, *L'Économiste* (30-VI-2011).

[196] Mohamed Tozy, "La Constitución de España nos ha inspirado", *El País* (29-VI-2011).

[197] "Constitution. Menouni s'exprime pour la première fois", entrevista de Mohamed Chaoui, *L'Économiste* (30-VI-2011).

La realidad, por tanto, fue la que se temía el "movimiento 20 de febrero". Por un lado, el proceso de reforma se realizó sin que todos los prisioneros políticos hubieran sido liberados (sin ir más lejos, varios de los manifestantes del 20 de febrero)[198], sin que el gobierno hubiera dimitido, sin que el parlamento se hubiera disuelto y sin que se tomaran medidas contra la corrupción. Por otro lado, diversos partidos, sindicatos y asociaciones hicieron llegar sus propuestas, pero, a pesar de las declaraciones de Tozy, lamentablemente no había en este proceso de sumisión de iniciativas ("input") ninguna respuesta de la Comisión ("output") que permitiera un verdadero *intercambio* de puntos de vista ("feed-back"). La ilustración más clara de la falta de esta "concertación" la tenemos en el hecho de que los partidos políticos no supieron, hasta después de concluidas las "consultas" si sus propuestas habían sido acogidas. Sólo cuando, primero, se produjo la exposición oral de las "grandes líneas" hecha el 7 de junio y luego, cuando se publicó el proyecto de reforma "constitucional", pudieron saber qué sugerencias suyas habían sido incorporadas. Naturalmente, una vez que conocieron el texto elaborado por las dos comisiones reales, no pudieron realizar el más mínimo cambio en el mismo.

III.3.D.... y las consultas secretas

Ahora bien Pero no sólo ocurrió que el supuesto proceso de consultas públicas con actores marroquíes fuera una pompa de aire. Hay algo más grave y es que parece que se desarrollaron por parte de la comisión "técnica" o "Comisión ad hoc" de Menuni y puede que también por la comisión "política" de Moatassim, consultas secretas con actores no marroquíes, algo que no había sido anunciado públicamente por el rey.

---

[198] Mohamed VI decretó un indulto el 14 de abril de 2011 que permitió liberar a 190 presos políticos, entre los que se hallaban varios islamistas. Fue el mayor indulto político de sus 12 años de reinado. Sin embargo, el indulto dejó al descubierto la realidad del régimen, no sólo porque quedaron muchos prisioneros políticos aún en la cárcel, sino porque, como prueba fehaciente de la falta de independencia judicial, en esa misma fecha el tribunal de Casablanca archivó la causa contra varios presos políticos saharauis cuyo juicio se había aplazado en varias ocasiones. Estos presos por tanto no fueron "indultados" por el rey formalmente, sino que su liberación fue formalmente ordenada por los jueces aunque su liberación fue sin duda una orden del rey. En todo caso, en las cárceles marroquíes seguían (siguen) encarcelados muchos más prisioneros políticos.

La existencia de consultas secretas realizadas por la comisión "técnica" ha sido revelada, discretamente por el propio Menuni y, de forma más clara por un periodista español generalmente bien informado de lo que ocurre en Marruecos. Menuni afirmó, en la víspera del referéndum que "hemos recibido, tanto del interior, como del exterior del país, cientos de memorándums"[199]. Claro que nada parecía indicar que esos "cientos de memorándums" fueran enviados por personas que no eran marroquíes. El asunto quedó más claro semanas más tarde, cuando Ignacio Cembrero, en un artículo aparecido en una publicación electrónica marroquí dijo, textualmente :

> *"ciertos intelectuales españoles, como el profesor Bernabé López, habían animado a los miembros de la comisión presidida por Abdelatif Menuni, que redactó el borrador de la nueva Constitución, a que incluyeran un artículo que permita el voto en las elecciones municipales a los extranjeros residentes en Marruecos para que, a su vez, los marroquíes instalados en España puedan acudir a las urnas. La comisión tuvo en cuenta sus sugerencias"*[200].

Dicho de otra manera, de forma secreta "ciertos intelectuales españoles", de los que se menciona a uno (Bernabé López García, que por cierto, fue distinguido con un wissam, condecoración que premia a los amigos de la dinastía alauita), pero que debieron ser más, han formulado iniciativas ("inputs") que parece ser que han tenido más respuesta ("output") y acogida que las de muchos actores públicos marroquíes. Y digo que esto se ha hecho de forma secreta porque en ningún momento se anunció ni la iniciativa presentada por Bernabé López (y otros "ciertos intelectuales españoles") ni que la comisión Menuni acogía esas iniciativas. No sólo eso. En un artículo publicado en España, Bernabé López aludió a este asunto (el del artículo que permitía el voto de los extranjeros en las elecciones locales marroquíes) ocultando que fue iniciativa suya[201], si es cierto lo que dice Cembrero. En

---

[199] "Constitution. Menouni s'exprime pour la première fois", entrevista de Mohamed Chaoui, *L'Économiste* (30-VI-2011).

[200] Ignacio Cembrero, "Un citoyen Espagnol indigné", *Lakome* (18-VII-2011). Cfr.: http://fr.lakome.com/international/59-actualites-international/549-ignacio-cembrero.html

[201] Bernabé López García y Carlos Celaya, "Una Constitución que nos afecta", *El País* (25-VI-2011).

cualquier caso, esta información de Cembrero no ha sido desmentida por López García.

En cuanto a la posibilidad de que haya habido también consultas secretas en el marco de la comisión de control "político" presidida por Moatassim, hay un indicio que permite avanzar esta hipótesis. Según una periodista española vocera oficiosa del Ministerio de Asuntos Exteriores, "el Rey Juan Carlos ha influido de manera 'muy importante' en el proyecto de Constitución" con ocasión de la visita que hizo a Marrakech a comienzos de mayo de 2011[202].

A todo ello conviene añadir un dato. Según alguna información publicada en Marruecos, los lingüistas advierten que el texto de la "Constitución" de 2011 fue escrita originariamente en francés para después ser traducida al árabe[203]. Si esto es así puede deberse a dos causas: la primera es que los propios redactores marroquíes del texto sean personas que usen habitualmente el francés y no el árabe; la segunda es que la redacción en francés se haya hecho para facilitar la "interactuación" con agentes no marroquíes (como pudieran ser españoles o franceses). No sería novedoso pues ya hemos visto que las reformas de 1992 y 1996 fueron realizadas por los profesores franceses Rousset y Vedel para Hassán II.

Aunque no hay pruebas de ello, creo posible que en la redacción del texto presentado por Mohamed VI hayan colaborado algunos constitucionalistas españoles que han tenido contactos, directos o indirectos, con el régimen de Mohamed VI. Esos contactos se han producido de varios modos: en algún caso dirigiendo alguna fundación cercana a los intereses del majzen y de la que es copresidente un consejero de Mohamed VI[204]; en otro caso, asistiendo a una reunión "informativa" del Consejo Real Consultivo para los Asuntos Saharianos (CORCAS) y avalando las iniciativas del majzen y avalando expresamente después el nuevo texto marroquí de 2011[205]. En un caso, ade-

---

[202] Ana Romero, "La « importante » influencia de don Juan Carlos", *El Mundo* (1-VII-2011).

[203] "La constitution a été écrite en français puis traduite en arabe", *Bladi.net* (20-VII-2011). Cfr. :

http://www.bladi.net/constitution-marocaine-francais.html

[204] Sería el caso del Catedrático de Derecho Constitucional de la Universidad de Jaén, Gerardo Ruiz-Rico Ruiz, nombrado en agosto de 2008 director de la Fundación Tres Culturas del Mediterráneo de la que es co-presidente André Azoulay, consejero de Mohamed VI.

[205] Es el caso del Catedrático de Derecho Constitucional de la Universidad Pablo de Olavide de Sevilla, Manuel Terol Becerra. Este profesor, tras asistir a una reunión "informativa" del CORCAS

más, se convocó para el 6 de julio de 2011 una conferencia-debate en el Club Internacional de Prensa de Madrid sobre la nueva "Constitución" anunciando la participación en la misma "de algunos de los actores más importantes en su redacción". Entre los participantes, el único español era el profesor Terol[206]. Otros profesores también han colaborado en alguna ocasión pero, al no ser Catedráticos, veo más improbable que hayan sido invitados a participar en la redacción del texto[207].

III.3.E.La última palabra: del rey

III.3.E.a. En todo caso, y hay aquí otra constante, la última palabra sobre la redacción no correspondía al pueblo como quería hacer creer Mohamed VI. Ni siquiera a la Comisión "técnica" de tipo "participativo". La última palabra era del propio rey, como es constante en el régimen alauita. Lo anunció ya claramente Mohamed VI en su discurso anunciando la reforma. "Después (de sus trabajos) corresponde a la Comisión someter los resultados de los mismos a Nuestra Alta Apreciación a lo largo del mes de junio". Y en efecto, así fue. Una vez comunicado a los partidos políticos el texto supuestamente "definitivo" Mohamed VI aún introdujo cambios. antes de publicar el proyecto en el Boletín Oficial.

El 7 de junio, Mohamed Moatassim (presidente de la Comisón "política" que controló la reforma) convocó en el Gabinete Real a los líderes de 34 partidos políticos y 5 centrales sindicales a una reunión copresidida por Abdelatif Menuni (presidente de la comisión "técnica"). En esa reunión se les

---

en Sevilla, afirmó que el proyecto de autonomía que elaboraba el CORCAS era "políticamente viable y socialmente necesario". Cfr.: "Des juristes espagnols rencontrent une délégation du Corcas: L'autonomie au Sahara, une solution «politiquement viable et socialement nécessaire»", *Le Matin* (7-VI-2006. Posteriormente, Terol ha afirmado que la "Constitución" de 2011 es "una de las más avanzadas" a nivel mundial. Cfr. "La nueva Constitución marroquí es 'una de las más avanzadas' a nivel mundial (académico español)", *MAP* (7-VII-2011).

[206] CIP "Conferencia sobre la nueva Constitución Marroqui (1-VII-2011). Cfr.: http://www.clubinterprensa.org/content/conferencia-sobre-la-nueva-constitución-marroqui

[207] Sería el caso de Javier Tajadura Tejada, profesor titular de Derecho Constitucional de la Universidad del País Vasco que participó en un seminario organizado por un órgano del régimen en la ciudad ocupada de Villa Cisneros (Dajla) y en otro seminario organizado para presentar las conclusiones del anterior en Ginebra. Cfr. "La dimension de la démocratie et des droits de l'homme dans l'Initiative d'Autonomie en débat à Genève", *MAP* (18-111-2011).

expuso, oralmente, las líneas principales del texto de la nueva "Constitución" que no se les entregó por escrito. Como protesta por el método utilizado los representantes de dos de los partidos (Partido de la Vanguardia Democrática y Social y Congreso Nacional Unificado) y uno de los sindicatos (Confederación Democrática del Trabajo) convocados abandonaron la reunión[208]. Unos días más tarde, Menuni escenificó la entrega del texto al rey el día 10 de junio en Uxda.

III.3.E.b. En una entrevista publicada el día 30 de junio[209], Menuni confirma que Mohamed VI hizo cambios respecto al proyecto presentado por la comisión y de que esos cambios eran de envergadura.

A la pregunta de si "ha habido cambios entre la versión remitida al soberano en Uxda y el proyecto sometido a referéndum", el presidente de la comisión "técnica" contesta, como si nada, que "sí, ha habido cambios y eso me parece natural. No olvidemos que somos una comisión consultativa. Nos correspondía, esencialmente, hacer proposiciones. El hecho de que las proposiciones hayan sido modificadas era parte del juego".

Menuni ofrece al respecto ciertos datos que ilustran sobre cómo la comisión "política" de Moatassim ha eliminado cláusulas de la comisión "técnica" de Menuni: "el mecanismo político de seguimiento (...) no ha dejado de expresar sobre ciertas cuestiones, a veces importantes, puntos de vista diferentes de los nuestros. Estos debates en el seno del mecanismo han generado exclusiones de nuestras propuestas".

Y en cuanto a la envergadura de los cambios introducidos por el rey, Menuni, aunque elude las preguntas que se le hacen, deja entrever que eran cuestiones de envergadura. A la pregunta sobre cuál era la "amplitud" de esos cambios, Menuni responde que "no puedo hablar de la amplitud". Y a otra pregunta sobre cuáles son los "puntos importantes" donde se ha producido el descarte de las proposiciones de la comisión "técnica", Menuni responde con

[208] Ignacio Cembrero, "El rey Mohamed VI de Marruecos deja de ser 'sagrado' en la nueva Constitucion", *El País* (11-VI-2011); Trinidad Deirós, "Mohamed VI se aferra a su poder ejecutivo en la nueva ConstitucióN", *Público* (16-VI-2011).

[209] "Constitution. Menouni s'exprime pour la première fois", entrevista de Mohamed Chaoui, *L'Économiste* (30-VI-2011).

una evasiva contestando que "ha habido cambios en el texto, en diferentes partes. Pero no pienso que estas modificaciones aportadas sean ilegítimas y, en todo caso, el texto propuesto a referéndum presenta grandes avances respecto al de 1996".

III.3.E.c. Ese mismo día 30 de junio en que Menuni reconocía lo que era un rumor extendido en Marruecos, un medio electrónico filtró uno de los cambios que había hecho el rey sobre el proyecto entregado por la comisión "técnica". En efecto, cuando se produjo el referéndum, el artículo 87 de la Constitución tenía este tenor:

> *"El gobierno se compone del jefe de gobierno y de los ministros, y puede incluir también a los secretarios de Estado.*
>
> *Una ley orgánica define, en particular, las reglas relativas a la organización y al desarrollo de los trabajos del gobierno y del estatuto de sus miembros.*
>
> *Igualmente determina los casos de incompatibilidad con la función gubernamental, las reglas relativas a la limitación de la acumulación de funciones, así como aquellas que regulan el desarrollo de los asuntos ordinarios por el gobierno cuando se ha puesto fin a sus funciones".*

Diferente era el artículo 87 en la versión del texto supuestamente definitivo que se presentó a los partidos políticos el día 7 de junio, según filtraciones del documento original anterior al 17 de junio[210]:

> *"El gobierno se compone del jefe de gobierno y de los ministros, y puede incluir también a los secretarios de Estado.*
>
> *Una ley orgánica define, en particular, las reglas relativas a la organización y al desarrollo de los trabajos del gobierno y del estatuto de sus miembros, los casos de incompatibilidad con la función gubernamental, las reglas relativas a la limitación de la acumulación de funciones, así como aquellas que regulan el desarrollo de*

[210] Badr Soundouss, "Referendum : la tricherie commence déjà" *Demain online* (30-VI-2011).

los asuntos ordinarios por el gobierno cuando se ha puesto fin a sus funciones.

Los miembros del gobierno no pueden, durante su mandato ministerial, ejercer ninguna actividad profesional o comercial en el sector privado. No pueden ser parte en contratos concluidos con el Estado, con empresas públicas o colectividades territoriales u organismos sometidos al control financiero del Estado". *(en negrita el texto suprimido).*

Por lo demás, como veremos después, incluso después de convocado el día 17 de junio el referendum y de ser publicado el texto de la nueva "Constitución", Mohamed VI introdujo el 30 de junio, un día antes del referéndum, tres cambios oficialmente calificados como "erratas".

III.3.F. Mohamed VI se desautoriza a sí mismo y aprueba una nueva Constitución en lugar de una reforma constitucional

Como se ha comentado ya, en su discurso de 9 de marzo de 2011, Mohamed VI anunció una "reforma" constitucional. Como tal reforma se tramitó. Sin embargo, y quizá por influencia de algunos constitucionalistas españoles, lo que se anunció como una "reforma", terminó siendo una nueva "Constitución". La cuestión es evidentemente importante desde el punto de vista formal.

El artículo 180, último de la nueva "Constitución" no deja lugar a dudas: "A salvo de las disposiciones transitorias previstas en este Título (Título XIV: "Disposiciones transitorias y finales"), queda derogado el texto de la Constitución revisada, promulgada por dahir nº 1-96-157 de 23 Yumada I de 1417 H (7 de octubre de 1996)".

Algún autor español, ignorando la cláusula derogatoria del artículo 180 de la nueva "Constitución" sigue calificando el texto como "reforma constitucional"[211]. Se advierte un grave defecto de técnica legislativa que hemos sufrido en España con ocasión del lanzamiento de las "reformas" estatutarias en las legislaturas dominadas por el gobierno de Rodríguez Zapatero. Como ya he advertido en otro lugar, se han hecho pasar como "reformas"

---

211 Javier Tajadora Tejada, "Transición política en Marruecos" *El País* (24-XI-2011).

estatutarias lo que no era sino la aprobación de "nuevos" Estatutos[212]. Ni qué decir tiene que, en términos técnicos, resulta aberrante confundir una "reforma" con una innovación mediante derogación.

Ahora bien, esta aberración técnica ha servido para dejar claro que el rey no se sentía vinculado por los preceptos de la "Constitución" de 1996.

III.4. UN REFERENDUM CONVOCADO ILEGALMENTE

Mohamed VI anunció en un discurso de 17 de junio la convocatoria de un referéndum sobre el texto. Con esa fecha, el rey dictó un *dahir* que fijaba la fecha de 1 de julio para la celebración de dicho referéndum[213]. Sin embargo, al realizar esta convocatoria, el rey violó la propia legalidad marroquí que él dictó.

En efecto, tal y como ha denunciado un partido de la oposición (Alianza de la Izquierda Democrática)[214], el código electoral marroquí en sus artículos 109 y 44, estipula que la fecha del referéndum, su duración y las fechas de inicio y final del referéndum serán fijadas por un decreto promulgado por el Consejo de Ministros, conforme al articulo 66 de la "Constitución" vigente en el momento de la convocatoria del referéndum.

Ahora bien, el citado partido de oposición denunció que en el orden del día del Consejo de Ministros celebrado el 17 de junio de 2011 no se contiene la referencia a ningún decreto del Consejo de Ministros relativo a la fijación de la fecha del referéndum sobre el proyecto de "Constitución", la duración de la campaña y las fechas y horas de inicio y fin de la campaña. Es más, ningún Boletín Oficial publicado desde el 17 de junio de 2011 hasta el día de celebración del referéndum ha publicado el decreto fijando estas circunstancias del referéndum.

---

212 Carlos Ruiz Miguel, "Los vicios de origen de los procesos autonómicos", *Teoría y Realidad Constitucional* nº 24 (2009), p. 249 ss.

213 Dahir nº1-11-82 de 17 de Junio de 2011 publicado ese mismo día en el *Bulletin Officiel* número 5952 bis.

214 Cfr. Declaración del Secretariado General de la Alliance de la gauche démocratique, de 30 de junio de 2011. Ha sido publicada en:
http://www.demainonline.com/2011/07/04/communique-de-lalliance-de-la-gauche-democratique/

El citado partido de oposición, antes de denunciar estos hechos ante la opinión pública, lo hizo oficialmente ante el Primer ministro, el Consejo Constitución y la Secretaría General del Gobierno del Ministerio del Interior. Naturalmente, sin éxito[215].

III.5. LA ALTERACIÓN IRREGULAR DEL OBJETO DEL REFERÉNDUM

Una vez anunciado el referéndum y publicado el texto el 17 de junio de 2011, Mohamed VI volvió a modificar otro precepto (el art. 42.4), aunque la modificación apareció como una "errata". Sin embargo, lo cierto es que tanto este cambio como el que se hizo en el artículo 87 justo antes de publicar el proyecto, son cambios que son puntuales sí, pero sustanciales, y que además, curiosamente, se hacen para reforzar el poder del régimen respecto al texto corregido, lo que hace que la hipótesis de la "errata" resulte poco creíble.

Un día antes del referéndum, el boletín oficial publicó una "rectificación" del artículo 42.4[216]. En virtud de ella, el artículo 42 dice:

> *"Los dahires, a excepción de los previstos en los artículos 41, 44.2, 47.1 y 6, 51, 57, 59, 130.1 y 174, estarán refrendadas por el jefe de Gobierno".*

Sin embargo, en la redacción del art. 42.4 publicada el día 17 de junio se decía:

> *"Los dahires, a excepción de los previstos en los artículos 41, 44.2, 47.1 y 6, 51, 57, 59, **130.1 y 4**, y 174, estarán refrendadas por el jefe de Gobierno".*

---

[215] Una argumentación detallada sobre esta ilegalidad puede consultarse en Ibn Kafka, "Le référendum était-il légal?", *Ibn Kafka's Obiter dicta-Divagations d'un juriste marocain en Inerte surveillé* (4-VII-2011).
http://ibnkafkasobiterdicta.wordpress.com/2011/07/04/le-referendiirn-prait--il-legal/
Desconozco la identidad del jurista que se esconde tras el pseudónimo "Ibn Kafka".

[216] Rectificatif d'erreur matériel le au '*Bulletin Officiel*' nº 5952 bis, du 14 rejeb 1432 (17 de juin 2011). Dahir nº 1-11-82 du 14 rejeb 1432 (17 juin 2011) soumettant au référendum le projet de la Constitution. En el *Bulletin Officiel* nº 5956 bis, de 27 rejeb 1432 (30-6-2011), p. 1792.

La redacción del 30 de junio, por tanto, eliminó la obligación de que estén sometidos a refrendo los dahires previstos en el art. 130.4 de la "Constitución". ¿Qué es lo que previene este precepto? El artículo 130.4 establece que

> *"El Presidente del Tribunal Constitucional es nombrado por el rey, de entre los miembros que componen el órgano".*

El Tribunal Constitucional se compone de 12 miembros, de los cuales 6 son designados por el rey. A través de esta cláusula, el rey se garantiza el poder designar como presidente (y, por consiguiente, con voto de calidad) a uno de esos 6 miembros designados por él.

III.6. UN PROCESO REFERENDARIO SIN GARANTÍAS

El proceso del referéndum se ha visto empañado por varios hechos que permiten cuestionar la regularidad del proceso. Esos hechos afectan tanto a la campaña electoral cuanto a la votación.

III.6.A. La campaña electoral se halla cuestionada por varios hechos: 1) la campaña no ha permitido un debate suficiente; el aparato del Estado ha sido notoriamente parcial; 2) no ha habido igualdad de oportunidades y de expresión para los partidarios del "no", y 3) ha habido una coacción sobre la conciencia de los musulmanes para votar a favor del "sí".

En primer lugar, es importante advertir que la campaña para el referéndum apenas ha dado tiempo para algo previo al debate entre el "sí" y el "no", cual es el poder conocer el texto sometido a debate. A este respecto, conviene recordar el altísimo porcentaje de analfabetismo (se estima en torno al 40% de la población[217]) que existe en Marruecos. A la luz de este dato, parece que se puede concluir que el proceso que llevó al referéndum no garantizó el pre-

---

[217] Según las últimas informaciones oficiales contenidas en el "Censo General de la población y del habitat", el analfabetismo ha disminuido de un 43% en 2004 a "alrededor de un 30%" en 2010. Cfr., "Le Maroc célèbre jeudi la Journée internationale de l'alphabétisation sous le signe de la sensibilisation et de la mobilisation" (MAP, 7-IX-2011). Sin embargo, el Programa de Naciones Unidas para el Desarrollo (PNUD) estima que, en el período 2005-2008, la tasa de analfabetismo

supuesto del mismo: que la población que debía votar tuviera conocimiento adecuado de qué votaba.

En segundo lugar, no ha habido igualdad de oportunidades entre el "sí" y el "no", lo que se ha manifestado de diversos modos. De entrada, el "no" no ha tenido las mismas posibilidades de acceso a los medios públicos de comunicación que el "sí". Los medios públicos de comunicación han sido utilizados a favor de la posición oficial. Se ha aplicado al referéndum, indebidamente, la legislación establecida para las elecciones legislativas, lo que significa que se ha atribuido a los partidos con representación parlamentaria ciertos espacios gratuitos. Dado que sólo tres de los partidos con representación parlamentaria rechazaron pedir el "sí"[218], los programas de publicidad electoral han sido masivos a favor del "sí"[219]. Por si todo esto fuera poco, las autoridades públicas del Estado han actuado, por medio de sus agentes y sus responsables, apoyando al "sí" en la campaña y han utilizado lugares y medios públicos a este fin[220]. Empresas públicas, como el puerto de Casablanca han hecho campaña por el "sí"[221]. Por si esto fuera poco, Dris Sedraoui, presidente de la Liga marroquí por la ciudadanía y la defensa de los derechos humanos, afirmó que el majzén se gastó 9 millones de euros en compra de votos[222]. Finalmente, la Asociación Marroquí de Derechos Humanos ha denunciado que el mismo día de la votación la campaña a favor del "sí" ha continuado en los medios de transporte y, lo que resulta más escandaloso, ¡¡en el interior de los propios colegios electorales!![223]

---

de adultos (a partir de 15 años) alcanza el 43,9%. Cfr. *Rapport sur le développement humain 2010*. PNUD, 2010, p. 213 (cuadro 13).

218 Han sido los partidos agrupados en la "Alianza de la Izquierda Democrática", que reúne al PADS (Partido de la Vanguardia Democrática y Socialista, el PSU (Partido Socialista Unificado) y el CNI (Congreso Nacional Unificado). La coalición PADS-PSU-CNI tiene 6 escaños en el parlamento marroquí.

219 Declaración de prensa, de 12 de julio de 2011, de la Asociación Marroquí de Derechos Humanos (AMDH) con ocasión de la presentación de su informe anual sobre las violaciones de derechos humanos en Marruecos en 2010. Cfr.:
http://24.mamfakinch.com/declaration-de-presse-rapport-annuel-de-lamdh

220 Declaración de prensa , de 12 de julio de 2011, de la AMDH, citada *supra*.

221 "Référendum au Maroc. Les habits neufs du roi M6", *Liberté* (2-VII-2011).

222 Kamel Lakhdar-Chaouche, "Echec et mat pour le changement ", *L'Expression* (2-VII-2011).

223 Declaración de prensa , de 12 de julio de 2011, de la AMDH, citada *supra*.

En tercer lugar, es aún más grave es que el aparato del Estado haya coaccionado a los ciudadanos para pronunciarse a favor del "sí". Y ello fundamentalmente por dos vías: la directa del rey, y la indirecta de los imanes.

Por un lado, el rey, en su discurso de 17 de junio, dijo, explícitamente "yo diré SÍ a este proyecto" para a continuación pedir a los partidos, sindicatos y demás organizaciones que "participaron" en la confección de "este pacto constitucional avanzado" para que se concierten juntos "para la movilización del pueblo marroquí, no sólo para que éste vote a favor del proyecto, sino para que también lo ponga en práctica"[224]. Es obvio que en ninguna monarquía parlamentaria y, de forma más clara si cabe, en España, el rey no se manifestó públicamente a favor del "sí" o del "no" en los referenda celebrados. Si tenemos en cuenta que el rey marroquí se considera "príncipe de los creyentes" musulmanes su admonición se considera no sólo como un deber político sino como un deber religioso. En este contexto, resulta imposible hablar de "libertad de voto".

Por otro lado, además, para reforzar la coacción sobre la conciencia de los musulmanes (oficialmente, más del 99% de la población), el régimen ordenó a los imanes que en su sermón del viernes 24 de junio leyeran un mensaje redactado por el Ministerio de Asuntos Religiosos (que depende directamente del rey) pidiendo a los "fieles" que votaran sí al proyecto[225].

III.6.B. La votación se ha visto empañada por dos notas. En primer lugar, no ha habido observadores internacionales en el proceso y los observadores más o menos imparciales marroquíes han sido un número ridículo. En segundo lugar, se han realizado votaciones en urnas sin ninguna garantía, control u observación, tanto en el interior como en el exterior.

III.6.B.a. Sin observadores internacionales, incluso la presencia de observadores nacionales oficiales marroquíes está inmersa en datos contradictorios que revelan la escasa o nula entidad de la operación de observación. Según el *dahir* que lo crea, el "Consejo Nacional de Derechos Humanos"-CNDH (un

---

[224] Mohamed VI, Discurso de 17 de junio de 2011.

[225] "Marruecos apela al islam en las urnas", *El País* (27-VI-2011).

órgano oficial que se ha distinguido en estos años por promocionar la imagen del régimen en el exterior) tiene entre sus misiones vigilar los procesos electorales y lo hace en coordinación con el Ministerio del Interior (que es quien tradicionalmente falsea las elecciones en Marruecos). La mera existencia de una relación de "coordinación", y no de control, entre el órgano supuestamente vigilante y el órgano supuestamente vigilado mina, a mi juicio, la credibilidad de la operación de observación del CNDH. No puede, a la luz de lo anterior, extrañar que el CNDH haya comunicado oficialmente que "ninguna irregularidad ni infracción ha sido detectada" en el referéndum[226].

Conviene hacer una precisión ante algunas informaciones publicadas sobre el proceso de observación. El diario español *El País*, recogiendo datos del Ministerio del Interior marroquí ha dicho que en el proceso electoral hubo "233" observadores del CNDH al tiempo que dice que, según fuentes del citado "Consejo" consultadas por el diario marroquí *As-sabah* (mencionado por *El País*) el órgano en cuestión apenas envió sobre el terreno a 48 observadores[227]. Estos datos no son del todo exactos. Conviene advertir que, según el comunicado oficial emitido por el CNDH y recogido por la agencia oficial de prensa marroquí, el número total de observadores era de "234" de los cuales, "48" eran del CNDH (como correctamente advierte *Assabah*) que "vigilaron" "143" colegios electorales a los cuales se añadieron otros "184" observadores de un equipo del "tejido asociativo" que bajo la coordinación del CNDH "supervisó" la operación referendaria en "493" colegios electorales de 36 prefecturas y provincias marroquíes[228].

Teniendo en cuenta, no sólo que el CNDH no actuó "controlando a" sino "en coordinación con" el Ministerio del Interior y que los observadores no suman en total más que 234 para cerca de 40.000 colegios electorales, la conclusión es evidente: el proceso de votación no ha estado sometido a un control adecuado.

III.6.B.b. Los testimonios de irregularidades en la votación son numerosos con votaciones en urnas o colegios electorales con absoluta falta de vigilancia

[226] "Référendum : Les opérations de vote n'ont été entachées d'aucune irrégularité (CNDH)", *Maghreb Arab Press-MAP* (3-VII-2011).

[227] Ignacio Cembrero, "Rabat cierra en falso su 'primavera árabe'", *El País* (3-VII-2011).

[228] "Référendum : Les opérations de vote n'ont été entachées d'aucune irrégularité (CNDH)", *Maghreb Arab Press-MAP* (3-VII-2011).

o control. Esto ha ocurrido tanto en el interior como en el exterior del país. La cuestión es tanto más importante cuanto que quien controla el proceso electoral es el Ministerio del Interior. Y el Ministerio del Interior hasta ahora siempre ha manipulado los procesos electorales. Lo ha reconocido incluso el rey Mohamed VI en su discurso del 9 de marzo al reclamar "*Un parlamento salido de elecciones libres y sinceras*". No cabe confesión más clara de que las elecciones celebradas hasta ahora no eran "libres y sinceras".

En el interior del país, ha habido informaciones según las cuales "todo el mundo ha sido forzado a votar 'sí'. Los funcionarios, los contratados por el Estado, e incluso las fuerzas del orden y los militares. Estos últimos para probar que iban a votar 'sí', han prohibido las papeletas del 'no' en sus colegios electorales"[229]. Por otro lado, también se ha denunciado el "acarreo" de votantes que, sin documento de identidad ni tarjeta de elector ni firma han podido votar[230].

En el exterior, el gobierno marroquí instaló urnas para proceder a la votación sobre el proyecto "constitucional" en consulados, en "locales alquilados" y en los puertos más utilizados por los emigrantes marroquíes para ir de vacaciones a su país, precisamente a comienzos de julio que es cuando se celebró el referéndum. Según un despacho de la agencia oficial de prensa marroquí se instalaron 526 colegios electorales en todo el mundo, de los cuales, 148 en Francia, 87 en España, 74 en Italia, 32 en Holanda, 21 en Bélgica y 164 en otros lugares del mundo. El Ministerio marroquí de Asuntos Exteriores lo justificaba diciendo que, "en su preocupación por la proximidad y la facilidad, estos colegios electorales han sido abiertos en las cancillerías diplomáticas y consulares y en lugares elegidos en función del reparto geográfico de los marroquíes residentes en el extranjeros", añadiendo que "el voto ha sido previsto durante tres días para permitir a los marroquíes residentes en el extranjeros cumplir con su deber nacional en las mejores condiciones posibles"[231].

Es evidente que la votación en un consulado o en un "local alquilado" por las autoridades no ofrece ninguna garantía de que no haya una sustitución de

[229] Agence France Presse/Demain online, "L'islamiste de service du régime doute du résultat du référendum, puis se rétracte " (7-VII-2011).

[230] Mickael Vogel, "Maroc: où est le changement?" , *Demain online* (4-VII-2011).

[231] "Référendum : 96,05 pc des votes exprimés par les MRE, en faveur du projet de Constitution (MAEC)", *Maghreb Arab Press* (4-VII-2011).

papeletas en las urnas. Pero el asunto adquiere aún mayor gravedad en el caso de las urnas en los puertos. A tal efecto, se instalaron urnas para votar en los puertos españoles de Algeciras y Almería y en el puerto francés de Sète[232]. La cuestión reviste especial gravedad por cuanto en estos puertos no sólo no había observadores internacionales, sino que no hay ningún votante censado, por lo que resultaba perfectamente posible que un marroquí votara en uno de estos puertos y luego, al llegar a Marruecos, volviera a votar[233]. También se han recogido testimonios de que en Bélgica a un marroquí que pretendía arreglar ciertos asuntos consulares antes de viajar a Marruecos le dirigieron hacia las urnas; o que un franco-flamenco no encontrara en el lugar de la votación ninguna papeleta con el "no".

En cuanto al territorio del Sahara Occidental ocupado por Marruecos, considerado como territorio no marroquí por Naciones Unidas pero considerado como "marroquí" por el régimen alauita, la votación se desarrolló sin que los miembros de la "Misión de Naciones Unidas para el Referéndum en el Sahara Occidental" intervinieran en el mismo.

III.7. UNOS RESULTADOS SIN CREDIBILIDAD

III.7.A. Al día siguiente de la votación en Marruecos y el Sahara Occidental ocupado, el ministerio del Interior marroquí ofreció unos resultados provisionales que se enmarcaban en las constantes de históricas del régimen alauita[234]. Según estos datos provisionales hubo una participación de un "73'46"% (9.881.922 votantes sobre 13.451.404 de electores inscritos) con un resultado a favor del sí de un "98'50"%. (9.653.492 de votos). Aquellos datos adelantados por el Ministerio del Interior no resultaron muy diferentes de

---

232 "Rabat instalará colegios electorales en dos puertos españoles para los emigrantes", *El País* (27-VI-2011).

233 Según un reportaje de un medio marroquí en el colegio electoral instalado en el puerto de Algeciras no se requería a los votantes la tarjeta de elector. Cfr.: Nabila El Hadad, "Reportage - référendum : J'ai testé pour vous... le bureau de vote d'Algésiras", *Yabiladi* (3-VII-2011) :

http://www.yabiladi.com/articles/details/6043/reportage-referendum-j-ai-teste-pour-vous.html

234 "98,50 des votants ont dit Oui au projet de nouvelle constitution (Cherqaoui)", *Maghreb Arab Press* (2-VII-2011). Mi traducción de este despacho oficial se incluye como Anexo II de esta obra.

los que el Consejo Constitucional en la noche del 16 de julio proclamó como datos oficiales y definitivos del referéndum marroquí con 9.885.020 votantes de los cuales 9.650.237 lo hicieron con el "sí"[235]. Eso sí, sorprende que, según el Consejo Constitucional el número de inscritos sea de 13.449.495, mientras que el Ministerio del Interior dijera que eran 13.451.404

Posteriormente, el Ministerio del Interior adelantó también las cifras del resultado del referéndum en los colegios electorales situados fuera de Marruecos y del Sahara Occidental ocupado[236]. Según esos datos hubo "255.783" votos a favor del proyecto "constitucional", que suponían una "96,05" % de los votos emitidos. Los datos definitivos del Consejo Constitucional no estuvieron muy alejados pues según los mismos votaron a favor "267,152" personas. Llama la atención que, a diferencia de lo ocurrido con los resultados dentro de Marruecos, en la relación del voto en los consulados no se ofreciera por el Ministerio del Interior la lista de inscritos para votar. Y más llamativo, y revelador, es que el Consejo Constitucional omitiera exactamente el mismo dato que omitió el Ministerio del Interior.

III.7.B. Los datos resultan escasamente creíbles, principalmente en lo que respecta a la participación, aunque los datos del porcentaje de votos no dejan de resultar sorprendentes.

III.7.B.a. Por lo que respecta a la participación, conviene advertir varios datos importantes que relativizan las cifras oficiales.

En primer lugar, El decreto del Consejo Constitucional de 14 de julio de 2011, proclamando oficialmente los resultados nos dice que el número de inscritos, en el interior de Marruecos es de 13.449.495. Esta cifra es muy lejana de la cifra de adultos que podrían haber votado. A este respecto conviene recordar que la población total de Marruecos se estima en unos 33 millones de personas

---

[235] Decisión del Consejo Constitucional de Marruecos de 16 de julio de 2001. Publicada por la agencia oficial de prensa MAP. Mi traducción de este comunicado se publica como Anexo IV de esta obra.

[236] "Référendum : 96,05 pc des votes exprimés par les MRE, en faveur du projet de Constitution (MAEC)", *Maghreb Arab Press* (4-VII-2011). Este despacho oficial de prensa se publica, traducido al español por mí, como Anexo III de esta obra.

de los cuales se considera que son mayores de edad entre 20 y 23 millones de personas, según las diferentes estimaciones[237]. En concreto, las cifras oficiales para el año 2009 arrojaban una población total de 31,514 millones de personas de las cuales, en aquel año, 20,925 millones estaban en edad de votar[238]. Por tanto, si aceptamos la cifra oficial de un número total de votos de "10.063.423", la participación no se halla por encima del "72%" como afirmó el ministro del Interior de Marruecos, sino por debajo del 50%, muy probablemente en torno al 45%. Conviene advertir que el líder del partido islamista integrado en el régimen, Abdelilah Benkirán, en unas declaraciones recogidas por el diario "*Financial Times*" afirmó que la tasa de participación del 73% avanzada por medios oficiales era exagerada y que la cifra real "debía rondar el 50%"[239]. Fueron tales las presiones que sufrió por estas palabras que se desdijo de lo que había dicho al diario británico para afirmar que, en realidad, "quería decir que la cifra de participación superó el 50%" y que la cifra de un "73%" de participación era "realista"[240].

En segundo lugar, sorprende mucho que el Consejo Constitucional no ofrezca datos acerca del porcentaje de participación de los marroquíes residentes en el extranjero. Llama mucho la atención que, mientras los datos oficiales de votos en el interior de Marruecos incluyen el número de registrados… no ofrecen la cifra del número de registrados en el exterior. Lo cual plantea la cuestión: si podía votar quien no estuviera registrado… ¿cómo se verifica si esas personas que votaron eran verdaderamente marroquíes… y votaron realmente?

La cuestión es tanto más escandalosa cuanto que, como se recordará, aunque se fijó la fecha del día 1 de julio para la celebración del referéndum, se fijó

---

237 Ali Amar, "Un référendum constitutionnel au service de Sa Majesté", *Slateafrique.com* (1-VII-2011) estima que los marroquíes en edad de votar son 21 millones. Cfr.: http://www.slateafrique.com/6601/referendum-maroc-constitution-mohammed-vi

238 "« Oui » massif pour la constitution, 45% des adultes marocains ont voté", *Yabiladi* (2-VII-2011): http://www.yabiladi.com/articles/details/6042/massif-pour-constitution-adultes-marocains.html

239 Eileen Byrne, "Moroccans take stock of new constitution", *Financial Times* (3-VII-2011).

240 "Benkirane dément avoir mis en doute les résultats du référendum constitutionnel", *Maghreb Arab Press* (4-VII-2011) ; "L'islamiste de service du régime doute du résultat du référendum, puis se rétracte ", *AFP/Demain online* (7-VII-2011).

una duración de tres días para realizar el proceso electoral en los consulados y otros colegios electorales creados en el extranjero. Es decir, a pesar de que en el extranjero había 3 días para votar, y ni siquiera parecía requerirse la inscripción en la lista de electores, la cifra oficial de votantes ("269.646") resulta ridícula respecto al número de marroquíes residentes en el extranjero (que se estima que puede rondar los cinco millones de personas, de los cuales 3'8 millones son marroquíes con residencia legal en el extranjero)[241].

Resulta, a mi entender, muy significativo, que en los países donde hay libertad garantizada (como son los países occidentales en los que se halla la inmensa mayoría de los emigrantes marroquíes) los marroquíes hayan rechazado acudir a las urnas...

III.7.B.b. En cuanto a los datos sobre el voto a favor del "sí", de entrada se puede decir que son similares a los que se producen en regímenes no democráticos en los que no hay garantías, no sólo en el acto de la votación, sino, lo que es quizá más importante, en la vigilancia de la votación y el recuento de los votos. En efecto, conviene recordar que en la época de Hassán II, bajo la dirección de su ministro del Interior Driss Basri (como hoy en día se reconoce en Marruecos[242]), se producía un falseamiento sistemático de los votos realmente expresados. En efecto, ni siquiera se respetaban los resultados electorales producidos en un clima de represión e, incluso éstos, eran alterados. La táctica más comúnmente utilizada en la era Basri era la del "apagón" que consistía en provocar, a última hora del día, un apagón en la sala en la que se realizaba la votación, para sustituir la urna con los votos reales por otra, previamente preparada, con los votos deseados por el gobierno. Por lo

---

[241] El diario francés *Le Post* apunta que el número de marroquíes con edad para votar e inscritos en los registros consulares marroquíes asciende a 2.600.00. Aunque se admita esta cifra (y no la que avanzo como a mi juicio más conforme con los datos reales) la cifra de participación de los emigrantes es mínima. Cfr.. "Référendum au Maroc : Et si on démaquillait les chiffres de participation? ", *Le Post* (5-VII-2011):

http://www.lepost.fr/article/2011/07/05/2540933_referendum-au-maroc-et-si-on-demaquillait-les-chiffres-de-participation.html

[242] Sirva de ejemplo el artículo firmado por Mustapha Sehimi, "Le spectre de Driss Basri", *Maroc Hebdo* nº 942 (22-VII-2011). Conviene aclarar que Maroc Hebdo es un semanario que no ha dejado de estar, desde su nacimiento en la época de Hassán II, alineado en apoyo de las posiciones oficiales del majzen.

demás, conviene recordar que el recuento no se realiza por una administración electoral independiente.

III.8. CONCLUSIÓN: EL FRACASO DEL PROCESO DE "REFORMAS" DE MOHAMED VI

A la vista de todo lo anterior resulta fácil de entender que el "movimiento 20 de febrero" haya proseguido sus protestas, de forma masiva y por todo Marruecos, no sólo después del discurso del rey de 9 de marzo (como ya se ha visto), sino también después de celebrado el referéndum[243] los días 10[244], 17[245], 23-24 de julio[246]. Es más, al día siguiente del discurso del trono del día 30 de julio en el que Mohamed VI anunciaba la puesta en marcha de la nueva "Constitución", volvieron a organizarse manifestaciones masivas contra la misma[247].

La conclusión de lo anterior es clara: la "nueva Constitución" es un fracaso. En efecto, los partidarios del régimen alauita no reclamaban ningún cambio constitucional como se desprende, por un lado, del testimonio del ministro de Asuntos Exteriores marroquí Fassi-Fihri al diario portugués "*Público*" el 24 de febrero de 2011 y, por otro, de las intenciones que Mohamed VI atribuyó en su discurso de 9 de marzo de 2011 a los miembros de la "Comisión consultiva para la regionalización". Quien reclamó cambios en el régimen fue,

[243] http://www.mamfakinch.com/%d8%ae%d8%a7%d8%b1%d8%b7%d8%a9-%d8%a5%d8%ad%d8%aa%d8%ac%d8%a7%d8%ac%d8%a7%d8%aa-%d8%a7%d9%84%d8%a5%d8%b3%d8%aa%d9%81%d8%aa%d8%a7%d8%a1-referundum-protests-mapping/

[244] http://www.mamfakinch.com/%d8%ae%d8%a7%d8%b1%d8%b7%d8%a9-%d8%a5%d8%ad%d8%aa%d8%ac%d8%a7%d8%ac%d8%a7%d8%aa-%d9%84%d8%b1%d9%81%d8%b6-%d9%85%d9%87%d8%b2%d9%84%d8%a9-%d8%a7%d9%84%d8%a5%d8%b3%d8%aa%d9%81%d8%aa%d8%a7%d8%a1-referu/

[245] http://www.mamfakinch.com/%d8%ae%d8%a7%d8%b1%d8%b7%d8%a9-%d8%a5%d8%ad%d8%aa%d8%ac%d8%a7%d8%ac%d8%a7%d8%aa-17-%d9%8a%d9%88%d9%84%d9%8a%d9%88%d8%b2-2011-%e2%80%94-mapping-protests-july-17th-2011/

[246] http://www.mamfakinch.com/mapping-of-morocco-pro-democracy-protests-23-24-july-2011/

[247] http://www.mamfakinch.com/%D9%81%D9%8A%D8%AF%D9%8A%D9%88-%D8%A5%D8%AD%D8%AA%D8%AC%D8%A7%D8%AC%D8%A7%D8%AA-31-%D9%8A%D9%88%D9%84%D9%8A%D9%88%D8%B2-2011-%E2%80%94-video-mapping-protests-july-31-th-2011/#more-2090

precisamente, el "movimiento 20 de febrero" en las grandes manifestaciones celebradas ese día en sesenta ciudades marroquíes. Por tanto, es evidente que la propuesta de una nueva "Constitución" no buscaba contentar a los partidarios del régimen alauita (que ya estaban satisfechos con la regulación vigente), sino a los que participaban en el movimiento de protesta. Ahora bien, si quienes pedían cambios en la "Constitución" mantienen sus protestas, ahora contra el nuevo texto, la conclusión, insisto, es clara: el proceso "constitucional" de 2011 ha fracasado porque no ha logrado el objetivo perseguido.

IV. UNA CARTA OTORGADA SIN DIVISIÓN DE PODERES NI GARANTÍA DE LOS DERECHOS

Cuando se analiza el sistema político marroquí es imprescindible considerar los textos "constitucionales" escritos conjuntamente con los datos de la realidad política o, si se quiere, con las prácticas "constitucionales" consuetudinarias.

En efecto, algunos han pretendido acercarse al caso marroquí desde enfoques que no denominaría "formales", sino puramente "escrituristas". Según este enfoque, dado que la "Constitución" marroquí dice establecer una "monarquía constitucional", la conclusión sería que el sistema marroquí es "un régimen en el que el monarca reina pero no gobierna, (es) una estructura en la que el rey no es sino un espectador del juego político"[248].

Por el contrario, el enfoque más adecuado para conocer la verdad es el que toma en cuenta la práctica "constitucional" en la que el rey es el verdadero centro de impulsión del poder. Por ello no es posible atenerse a la literalidad de la "Constitución" escrita bajo pena de deformar el juicio. Hay que tomar en cuenta la "Constitución" consuetudinaria[249].

---

248 Najib Ba Mohammed, "La réforme constitutionnelle dans la durée", *Revue Marocaine de l'Administration Locale et de Développement*, nº 27 (2001), p. 26.

249 Hennani, *op. cit.*, p. 37.

IV.1. NO HAY DIVISIÓN DE PODERES: MANTENIMIENTO DEL RÉGIMEN DEL "MAJZEN"

IV.1.A. El poder absoluto del rey en la esfera civil: una monarquía absoluta con impunidad

Aunque, como es constante, no han faltado voces que han hablado de que con esta nueva "Constitución" se reducían los poderes del rey[250], un análisis cuidadoso parece llevar a la conclusión contraria. Se sigue manteniendo el sistema de monarquía absoluta. A este respecto no podemos sino compartir las reflexiones de una politóloga tunecina (por lo demás, no muy hostil hasta ahora a las posiciones oficiales marroquíes):

> *"si nos fijamos en las prerrogativas del rey, resulta difícil de creer que su poder vaya a reducirse, porque, aunque no está definido en un artículo de la Constitución, está diluido entre varias disposiciones. El soberano sigue siendo la máxima autoridad en las competencias reales de la defensa, la diplomacia y la seguridad interior. Sigue siendo el jefe del Ejército y quien acredita a los diplomáticos".*

A su juicio:

> *"Una vez más estamos ante unos efectos publicitarios y una escenificación de la modernidad política sin fundamento real dados los poderes del rey, las zonas de sombra, las imprecisiones y la dificultad de aplicar algunas de las medidas anunciadas, como pasa con la relativa a la igualdad entre hombres y mujeres".*

---

[250] "Mohamed VI recortará sus poderes constitucionales", *El Periódico* (10-III-2011); David Alvarado, "La nueva Constitución marroquí reducirá los poderes del rey", *La Voz de Galicia* (18-VI-2011). El segundo texto tiene el agravante de que hace la afirmación una vez que ya se conocía el proyecto "constitucional". Sin embargo, las anteriores afirmaciones eran sólo de periodistas. Resulta por ello asombroso que un profesor titular de Derecho Constitucional afirme que con la "reforma constitucional de julio" (*sic*) se ha producido "una significativa transferencia de poderes del monarca al Parlamento" (Cfr. Tajadura Tejada, *op. cit.*).

Por ello, concluye:

> *"la apertura concedida por la monarquía, una apertura dosificada y controlada que parecía envidiable en un mundo árabe inmóvil, (...) hoy se queda muy por debajo de las exigencias de una calle que ha comprendido que las libertades y el Estado de Derecho se arrancan en una negociación entre una sociedad civil hoy llena de fuerza y un poder que tiene problemas para reanimar un modo de gobierno envejecido y desfasado en el contexto árabe"*[251].

IV.1.A.a. Un monarca irresponsable e impune

El presupuesto esencial de un verdadero Estado de Derecho reside en el principio de la "responsabilidad de los poderes públicos". Sin "responsabilidad" hay arbitrariedad, que es lo contrario de "Estado de Derecho". Pues bien, es precisamente la "responsabilidad" del rey lo que falta de forma llamativa en la "Constitución" marroquí.

No valdría contraargumentar, en este punto, que en España, donde la Constitución reconoce el principio de responsabilidad de los poderes públicos (art 9.3 CE), se exceptúa también a la figura del rey al proclamarlo "inviolable". El argumento no es admisible por tres razones. En primer lugar, porque en España el rey no tiene los inmensos poderes que sí tiene en Marruecos (por lo que el alcance de la irresponsabilidad sería cualitativamente menor); en segundo lugar, porque el rey, aun siendo "inviolable" sigue siendo "responsable" ante las Cortes Generales que pueden decidir su "inhabilitación" (artículo 59.2 CE), algo que, por supuesto, no es posible en Marruecos; y, en tercer lugar, porque la "inviolabilidad" del rey es posible precisamente porque existe el "refrendo" para hacer que alguien (el que refrenda) responda por los actos del rey. Por otro lado, el rey de España pudiera ser encausado por el Tribunal Penal Internacional pues España ha ratificado el Estatuto de creación de este órgano.

La "Constitución" marroquí proclama expresamente, en su artículo 46 que "el rey es inviolable". Ahora bien, aunque también introduce un artículo

[251] Khadija Mohsen-Finan, "La 'excepción marroquí' en las revueltas árabes", *El País* (30-VI-2011).

(el 42.4) sobre el refrendo, … excluye expresamente del mismo los más importantes actos del rey.

A la luz de lo anterior resultan sorprendentes las afirmaciones de Mohamed Tozy, un politólogo marroquí (profesor de la Universidad Hassán II de Casablanca), miembro de la Comisión "técnica" presidida por Menuni, que afirma, textualmente:

> *"La Constitución española ha inspirado las propuestas de partidos y asociaciones para justificar los poderes del rey. Como el rey de España, el de Marruecos no es responsable y cualquier acción compromete, en cambio, la responsabilidad de los ministros"*[252].

Dado que, en cuanto miembro de la Comisión Menuni no puede decirse que desconozca el texto de la nueva "Constitución", y dado que en cuanto profesor de Ciencia Política se le supone no desconocedor de lo que significa el refrendo, el cotejo de sus palabras con el artículo 42.4 de la "Constitución" da pie para pensar que Mohamed Tozy miente.

Menos sorprendente resulta que el presidente de la comisión política de elaboración de la Constitución, Mohamed Moatassim, hubiera escrito en su tesis doctoral, defendida en 1988, que el rey está "por encima de la Constitución"[253].

No puede por ello extrañar que Marruecos sea uno de los países que se niega a ratificar el "Estatuto del Tribunal Penal Internacional", de17 de julio de 1998. En efecto, el artículo 27.1 de dicho Estatuto establece que "el presente Estatuto será aplicable por igual a todos sin distinción alguna basada en el cargo oficial. En particular, el cargo oficial de una persona, sea Jefe de Estado o de Gobierno, miembro de un gobierno o parlamento, representante elegido o funcionario de gobierno, en ningún caso la eximirá de responsabilidad penal ni constituirá *per se* motivo para reducir la pena". Para calibrar el alcance del hecho, recuérdese que España, donde el rey es "inviolable", sin embargo sí ha ratificado el tratado de creación del Tribunal Penal Internacional.

---

[252] Mohamed Tozy, "La Constitución de España nos ha inspirado", *El País* (29-VI-2011).

[253] Driss Bennani et Mohammed Boudarham, "Mohamed Moâtassim. La Constitution (et la politique royale), c'est lui !", *Tel Quel*, nº. 482 (1-VII-2011).

A ello se añade que nada en la "Constitución" permite inferir que va a haber un control sobre las cuentas del rey. El artículo 147.3 dice que el Tribunal de Cuentas asegura la regularidad de las operaciones "de los organismos sometidos a su control". Es decir, no se dice que "todo el sector público" esté sometido al mismo, sino que la ley determinará qué organismos son "sometidos a su control". No es fácil adivinar que, hasta ahora, el rey no ha sido sometido al mismo y no parece que vaya a estarlo.

IV.1.A.b. Control sobre el Poder Ejecutivo

El artículo 89 de la nueva "Constitución" dice que "el Gobierno ejerce el poder ejecutivo". Sin embargo, esta afirmación es falsa. El monarca sigue gozando, con la nueva "Constitución" de poderes absolutos para ejercer directamente la parte sustancial del poder ejecutivo y para controlar el resto de la esfera del poder ejecutivo. Hay un dato que revela hasta qué punto no existe un "poder ejecutivo" independiente del rey: muchas de las disposiciones sobre este poder no se encuentran en el título dedicado al "Poder Ejecutivo", sino en el de "La Realeza". Por lo demás, como más adelante se verá, la "Constitución" de 2011 "deslocaliza" la parte más importante del poder ejecutivo para ubicarla en órganos dependientes del rey situados fuera de la estructura orgánica del "poder ejecutivo".

IV.1.A.b.I. El rey dispone de **poderes absolutos expresos** en las siguientes materias relativas al poder ejecutivo:

1. Presidencia del Consejo de Ministros.

El primer dato que llama la atención es que el "Jefe del Gobierno" no es quien preside el Consejo de Ministros. Tal tarea corresponde al rey (artículo 48.1). El Jefe del Gobierno sólo puede presidir tal Consejo por delegación expresa del rey y sobre la base de un orden del día predeterminado (artículo 48.3). Ese orden del día, como es fácil de deducir, lo fija el presidente, o sea, el rey.

Cuestión distinta es que el Consejo se pueda convocar a iniciativa del rey o también del Jefe del Ejecutivo (artículo 48.2).

2. Destitución de los ministros.

El régimen en este terreno es igual al que había antes de la nueva "Constitución". El actual artículo 47.3 dice que el rey puede destituir a uno o varios ministros, por propia iniciativa, debiendo sólo consultar con el jefe del Gobierno su decisión.

La conclusión anterior no queda anulada por la presencia del sistema de "doble confianza", que no es una novedad. En efecto, el conjunto del gobierno también puede ser destituido por la Cámara de representantes mediante la aprobación de una moción de censura (artículo 105) o el rechazo a una cuestión de confianza (artículo 103). El hecho de que en la nueva "Constitución" (artículo se mantenga el sistema de doble confianza que ya existía en la "Constitución" de 1996 (artículos 60.1, 75 y 76) no hace sino debilitar aún más a los ministros, tal y como ha quedado acreditado en la práctica política marroquí.

3. Mando supremo de las Fuerzas Armadas y Ministerio de Defensa.

Igual que ocurría antes de la nueva "Constitución", el rey es el jefe supremo de las fuerzas armadas reales y nombra los empleos militares, pudiendo delegar este derecho (artículo 53). En Marruecos no existía y parece claro que va a seguir sin existir un "Ministerio de Defensa" porque todas las competencias de tal Ministerio corresponden al rey en persona. No empece a esta conclusión el nuevo artículo 54.3 que menciona, entre los miembros del "Consejo Superior de Seguridad" al "ministro de la administración de la Defensa nacional". Como es bien sabido, una cosa es la "administración de la Defensa nacional" (que puede estar encomendada a funcionarios civiles) y otra muy diferente son las Fuerzas Armadas. Este "ministro de la administración de la Defensa nacional", por tanto, carece de mando sobre los militares que siguen subordinados al rey.

Por otro lado, el citado "Consejo Superior de Seguridad", que preside el rey, tiene competencias como "instancia de concertación de las estrategias de seguridad interior y exterior". Esas competencias quedan así excluidas del ámbito de los respectivos ministros.

4. Exteriores e Interior.

Estas dos áreas se hallaban tradicionalmente incluidas entre los cinco "ámbitos de soberanía" que se reservaba el rey para su gestión directa (junto con Defensa, Justicia y Asuntos Religiosos). El ya citado "Consejo Superior de Seguridad" se configura (artículo 54.1) como una "instancia de concertación sobre las estrategias de seguridad interior y exterior del país, y de gestión de situaciones de crisis". Este "Consejo" está presidido por el rey y sus reglas de funcionamiento no se aprueban por "ley" ni "ley orgánica", sino por un "reglamento interno" (artículo 54.4). Dada la imprecisión sobre el número de sus miembros y que este órgano aparece mencionado en el título sobre "La Realeza", queda claro que no estamos ante un "órgano colegiado", sino ante un órgano de apoyo al rey en el que éste tendrá el poder decisorio.

5. Asuntos religiosos.

El artículo 41.2 y 3 constitucionaliza el "Consejo Superior de los Ulemas", una figura que no aparecía en la Constitución anteriormente. Este Consejo, presidido por el rey (artículo 41.2), es "la única instancia habilitada para pronunciar dictámenes religiosos (Fatwas) aprobados oficialmente, sobre las cuestiones que se le sometan y ello sobre la base de los principios, preceptos y designios tolerantes del Islam". Las atribuciones, la composición y las modalidades de funcionamiento del Consejo serán fijadas por *dahir*. Un *dahir* que no requiere refrendo del Jefe del Ejecutivo. Este órgano, que está bajo el control del rey, por tanto, va a absorber las competencias que, hasta ahora, asumía el Ministerio de Asuntos Religiosos.

IV.1.A.b.II. En algunas materias, el Rey dispone de **poderes absolutos implícitos** en materias relativas al Poder Ejecutivo.

1. Nombramiento del Jefe del Gobierno.

Es el caso más claro. Aunque se ha comentado como uno de los grandes "logros" de esta nueva "Constitución" el que establezca, en su artículo 47.1 que el rey "nombra al Jefe del Gobierno de entre el seno del partido político ganador de las elecciones a la Cámara de representantes, a la vista de sus resultados", un análisis detallado revela que hay más apariencia que realidad. Ahora bien, adviértase que se dice que el Jefe del Gobierno sólo debe ser del "seno del partido político ganador". Es decir, no tiene por qué ser el líder del partido y ni siquiera diputado electo en la Cámara de representantes. Dado que casi todos los partidos marroquíes (con excepción de algunos partidos minoritarios) llevan años de "identificación" con el majzen, no resulta difícil encontrar, en el seno de cualquiera de ellos, a personas perfectamente deseosas de hacer carrera política y aceptar el cargo a cambio de someterse a cualquier indicación del rey.

En consecuencia, no es exacta la afirmación que "el rey ha perdido el derecho a nombrar jefe de Gobierno"[254].

2. Destitución del Jefe del Gobierno.

La "Constitución" no dice expresamente de que el rey pueda destituirle. Ahora bien, una interpretación teleológica de este punto, lleva a esta conclusión pues, dado que el nombramiento se hace, discrecionalmente, por el rey, no puede caber otra interpretación sino la de que el rey puede destituirlo libremente.

Por lo demás, el hecho de que el Jefe del Gobierno pueda ser destituido (con el conjunto del Gobierno) también por la Cámara de representantes mediante la cuestión de confianza (artículo 103) y la moción de censura (artículo 105) acentúa la debilidad política del Jefe del Gobierno.

Máxime porque, como veremos, para compensar el poder del Parlamento de destituir al Jefe del Gobierno se introduce la novedad de permitir a éste disolver la Cámara de representantes (artículo 104).

3. Nombramiento de los ministros.

La "Constitución" de 2011 en su artículo 47.2, prácticamente repite el tenor de la de 1996 que, en su artículo 24.2, decía que "a propuesta del primer ministro, (el rey) nombra a los demás miembros del Gobierno". Ahora bien, existía una práctica, claramente contraria al texto de la "Constitución", según la cual

---

[254] Tajadura Tejada, *op. cit.*

se distinguían los ministerios "ordinarios" y los llamados Ministerios de "soberanía". En los primeros era el primer ministro quien, teóricamente, proponía al rey los nombramientos, aunque la realidad es que el rey tenía una intervención decisiva antes de la "propuesta". Nada parece que vaya a cambiar, pues, dado que el rey puede destituir a los ministros, el primer ministro procurará que sean del agrado del rey antes de nombrarlos. En cuanto a los segundos (ministerios de "soberanía"), se trataba de una figura claramente inconstitucional, pero que nadie se atrevió a cuestionar. Se trataba de cuatro departamentos donde era notorio que el nombramiento no se hacía "a propuesta del primer ministro": eran los ministerios de Exteriores, de Interior, de Asuntos Religiosos y de Justicia. A ello se añadía la inexistencia de un Ministerio de Defensa porque la Defensa dependía directamente del rey. El resultado era que los cinco ministerios más importantes se gestionaban por el rey sin interferencia alguna del Primer Ministro.

Alguien podría preguntarse si, con la nueva "Constitución", van a seguir existiendo los ministerios de "soberanía". A mi juicio, sin embargo, la pregunta no tiene ya sentido. No ya porque ahora pueda o no respetarse el texto literal de un precepto que no se respetó hasta ahora con la "Constitución" de 1996. La cuestión es que la nueva "Constitución" de 2011 ha "deslocalizado" del Gobierno, del poder ejecutivo, disimuladamente, la gestión de esos cinco asuntos (Defensa, Asuntos Exteriores, Interior, Justicia y Asuntos Religiosos) atribuyéndola a órganos separados y diferentes del Gobierno sobre los que el rey ejerce su control. Esos órganos a los que se han transferido las competencias propias de esos cinco ámbitos son el "Consejo Superior de Seguridad" (con competencias en Exteriores, Interior y Defensa), el "Consejo Superior del Poder Judicial" (con competencias en Justicia) y el "Consejo Superior de los Ulemas" (con competencias en materia de Asuntos Religiosos). En definitiva, esas cinco áreas esenciales del Gobierno (Defensa, Exteriores, Interior, Justicia, y Asuntos Religiosos) van a seguir bajo el control del rey y los ministros que tengan asignadas esas carteras, si no son personas designadas por el propio rey tendrán una situación de extrema debilidad política.

Esa debilidad política se extiende, por lo demás, al resto de ministros con la introducción, en 2011, del sistema de doble confianza, no ya sólo para la destitución (lo que ya existía en la "Constitución" de 1996), sino también para el nombramiento del Jefe del gobierno. Esta última posibilidad, que no existía en el régimen anterior, se establece en el artículo 88.3 que dispone que "El Gobierno es investido después de haber obtenido la confianza de la Cámara de representantes, expresada por una votación a favor del programa de gobierno por la mayoría absoluta de los miembros de la misma".

El hecho de que el conjunto del gobierno tenga que contar no sólo con la confianza del rey, sino también con la del Parlamento, no sólo debilita la figura de los ministros (que pueden ser destituidos por una doble vía), sino también la del Parlamento que debe amoldar su voluntad a la del rey. En efecto, si el Parlamento persistiera en su eventual pretensión de no dar su confianza al Gobierno en el que el rey sí confía, corre el riesgo de que, como veremos después, el rey puede disolver la Cámara.

IV.1.A.b.III. Tras la entrada en vigor de la nueva "Constitución" el rey ha violado las normas relativas a las competencias del Jefe del Gobierno y el Consejo de Ministros.

La práctica más inmediata después de entrar en vigor la nueva "Constitución" ha puesto de manifiesto que el rey marroquí mantiene sus poderes incluso violando el texto por él promulgado y ha dejado en muy mal lugar a aquellos que se han atrevido a manifestar que el Rey ha perdido poderes. Entre las competencias que la nueva "Constitución" asignaba al Consejo de Ministros se halla la de deliberar "El nombramiento, a propuesta del Jefe del Gobierno, y a iniciativa del ministro afectado, de los empleos civiles siguientes: (...), embajador,..." (artículo 49). Después d entrada en vigor la nueva "Constitución" y después de haber sido nombrado el 1 de diciembre un nuevo Jefe de Gobierno tras las elecciones celebradas el 25 de noviembre de 2011, el rey marroquí, con fecha de 6 de diciembre decidió, unilateralmente, nombrar a ¡28 embajadores! sin que el nuevo Jefe de Gobierno, ya nombrado, hubiera hecho ninguna propuesta al respecto y, por supuesto, sin que el Consejo de Ministros deliberara la cuestión. Para darse cuenta de la magnitud del hecho debe atenderse a las dimensiones cuantitativa y culitativa de la medida. Cuantitativamente, el rey, unilateralmente, y con clara violación del artículo 49 de la nueva "Constitución" ha nombrado a ¡casi un 30%! del total de embajadores que Marruecos tiene acreditados ante otros Estados que suman un total de 94. Cualitativamente, baste decir que entre esos embajadores nombrados por el rey se encuentran los acreditados ante los Estados Unidos y Alemania.

Como ha indicado un jurista marroquí que se expresa bajo el pseudónimo de "Ibn Kaflka", esta medida no puede justificarse apelando al artículo 55 de la nueva

"Constitución" que confiere al rey el poder de "acreditar" embajadores. Esto es así porque la "acreditación" es un acto diferente y posterior al "nombramiento"[255].

Por si la cuestión de los Embajadores no fuera suficiente, la mano del rey ha vuelto a resultar decisiva en el nombramiento de los ministros del nuevo gobierno de Abdelilá Benkiran[256]

IV.1.A.c. Poder supra-legislativo

La supremacía del rey sobre el Parlamento tiene una doble dimensión: normativa y orgánica.

I. Desde el punto de vista de las fuentes del Derecho, la característica más importante del sistema marroquí es la del carácter supra-legislativo de la voluntad del rey, no importa de qué forma se exprese. Los actos del rey (que pueden tener carácter de norma general –legislativa o reglamentaria– o de norma singular), cuando se hallan formalizados, adoptan la forma de *dahir* (decreto). Mediante el "*dahir*" el rey ejerce, teóricamente, las competencias que le reserva la Constitución, pero la realidad es que el rey interviene decisivamente en todas las esferas de la vida marroquí. Existen, también, sin embargo, actos del rey que ni siquiera están formalizados. Una palabra, un gesto del rey tienen fuerza jurídica incontestable, y de tipo supra-legislativo en el sistema de fuentes marroquí.

Al menos en dos ocasiones los tribunales marroquíes se pronunciaron sobre el valor jurídico de los actos o normas del rey. En el primer caso, de 1960 (antes de que se hubiera aprobado ninguna "Constitución" en Marruecos, pero reiterado por el Tribunal Supremo en una sentencia de 1964, después de aprobada la primera "Constitución"), el tribunal de apelación de Rabat prohibió el

---

[255] Ibn Kafka, "Le Roi, la Constitution et les ambassadeurs" (10-XII-2011). Cfr.: http://ibnkafkasobiterdicta.wordpress.com/2011/12/10/le-roi-la-constitution-et-les-ambassadeurs/

En el mismo sentido encontramos otro comentario (anónimo), "Maroc: La nouvelle nomination des ambassadeurs est-elle constitutionnelle?" (8-XII-2011), Cfr.: http://www.bigbrother.ma/2011/12/maroc-la-nouvelle-nomination-des.html

[256] Karim Boukhari, "Démocratie zéro", *Tel Quel* nº 504 (13-I-2012); Driss Bennani y Fahd Iraqi, "Enguête. Et le roi créa le gouvernement¡", *Tel Quel* nº 504 (13-I-2012.

Partido Comunista Marroquí tomando en consideración que el rey Mohamed V había proclamado en varios discursos que toda ideología materialista era contraria a los preceptos religiosos en los que él era el guía espiritual[257]. En el segundo caso, de 1970, la Sala de los contencioso-administraviso del Tribunal Supremo sentenció que los actos del rey gozan de inmunidad jurisdiccional y por tanto, los tribunales no pueden revisarlos[258].

Por si lo anterior no fuera suficiente, la "Constitución" de 2011 reconoce al rey el poder de veto sobre las leyes. En efecto, el artículo 95 establece que "el rey puede solicitar a ambas Cámaras del Parlamento que se proceda a una nueva lectura de cualquier proyecto o proposición de ley", sin que esa segunda lectura pueda ser rehusada. En consecuencia sólo desde la ignorancia o la complicidad falsificadora se puede afirmar que "será esa mayoría (parlamentaria) la que apruebe las leyes, estando el monarca obligado a promulgarlas"[259].

II. Desde un punto de vista orgánico, la supremacía del rey se manifiesta en el hecho de que, igual que ocurría antes de la nueva "Constitución", el rey puede disolver libremente una o las dos Cámaras del Parlamento (artículo 51). Adviértase la diferencia entre el sistema marroquí y un sistema parlamentario. En el sistema parlamentario, el poder del Parlamento de nombrar y destituir al jefe del gobierno y, con él al conjunto del gobierno (a veces, también se reconoce la posibilidad de destituir a sólo a un ministro), queda equilibrado con el poder del jefe del gobierno de disolver el Parlamento. Adviértase que aquí el rey tiene un poder sobre el Parlamento (puede disolverlo), que no está compensado pues no existe ni un solo poder del Parlamento frente al rey.

No sólo eso. La "Constitución" de 2011, a diferencia de la de 1996, otorga también al Jefe del gobierno el poder de disolver la Cámara de representantes (artículo 104). Pero este artículo precisa que ese poder de disolución lo ejerce mediante "decreto del Consejo de Ministros". Dado que el "Consejo de Ministros" lo preside el rey (artículo 48) parece imposible imaginar que, en caso

---

[257] Sentencia de 3 de febrero de 1960 del Tribunal de Apelación de Rabat y Sentencia de 28 de mayo de 1964 del Tribunal Supremo. Decisiones citadas y ratio decidendi reproducido por Baudouin Dupret, "Le juge et le jeu de la normalisation islamique du droit positif", en *Journal of Legal pluralism and Unofficial Law*, nº 42 (1998), p. 199 ss. (p. 203-205).

[258] Decisión de 20 de marzo de 1970 de la Sala de lo contencioso-administrativo del Tribunal Supremo (Chambre administrative de la Cour Suprème), asunto "Societé proprieté agricole Abdelaziz".

[259] Tajadura Tejada, *op. cit.*

de divergencia de criterio entre el rey y el jefe del Gobierno, se pueda imponer la voluntad de éste al de aquel. Ahora bien, dado que el jefe del gobierno tiene una dependencia del rey manifiesta, como se ha visto, la nueva regulación tiene dos consecuencias: en primer lugar, que se debilita aún más al Parlamento (que además de quedar hipotecado no sólo a la voluntad del rey, también lo está a la del Jefe del gobierno); la segunda, más grave y relacionada con la anterior, es que el poder del rey sobre el Parlamento se puede ejercer con menos visibilidad, pues el Jefe del gobierno puede disolver el Parlamento siguiendo "sugerencias" del rey (del que depende) sin que públicamente el rey aparezca como el actor político que hace frente al Parlamento.

En definitiva, con este diseño el poder del rey queda inalterado, y aun fortalecido al quedar disimulado detrás del Jefe del gobierno (a lé sometido), y el Parlamento, que es el único órgano que podría eventualmente erigirse en contrapoder por emanar de una legitimidad eventualmente diferente (la legitimidad popular si hubiera elecciones libres), queda más debilitado de lo que ya lo estaba en la "Constitución" de 1996. La nueva "Constitución" incluye una cláusula que expresa crudamente la sumisión del del Parlamento al rey. El artículo 64 al "garantizar" la prerrogativa de la inviolabilidad de los parlamentarios, la excluye cuando la opinión expresada por el parlamantario "ponga en cuestión la forma monárquica del Estado, o la religión musulmana o sea una falta de respeto al rey". Por ello, resulta difícil compartir la opinión de que con el nuevo texto de 2011, "el Parlamento del Reino de Marruecos se configura como una asamblea representativa dotada de poderes que le son propios desde la perspectiva del constitucionalismo democrático"[260].

En definitiva, la supremacía del rey sobre el Parlamento es absoluta, lo que hace imposible calificar a este sistema como "parlamentario", máxime cuando el Parlamento ha quedado más debilitado de lo que ya lo estaba con la "Constitución" de Hassán II.

IV.1.A.d. Control sobre el Poder Judicial

La "Constitución" habla, por primera vez, de "separación de poderes" (art. 1.2) y añade algo que ya se decía en el texto anteriormente vigente, a saber,

---

[260] Tajadura Tejada, *op. cit.*

que el poder judicial es "independiente" de los poderes ejecutivo y legislativo (artículo 107.1; cláusula parecida a la del artículo 82 de la "Constitución de 1996). Sin embargo, no dice que sea "independiente" del poder del rey, al que están subordinados los tres poderes clásicos. Los preceptos que concretan el régimen del poder judicial llevan a la conclusión, incontestable, de que el poder judicial está muy controlado por el rey. El control del rey opera tanto en el acceso a la judicatura como una vez dentro de la misma.

El acceso a la judicatura depende de una decisión libre del rey. El artículo 57 de la "Constitución" establece que "El rey aprueba por dahir el nombramiento de los magistrados por el Consejo Superior del Poder Judicial". Es muy importante advertir que, según el artículo 42.4 de la "Constitución" estos dahires no requieren del refrendo del Jefe del Ejecutivo.

Una vez que una persona ha accedido a la judicatura, sigue bajo el control indirecto del rey. El artículo 113.1 de la "Constitución" estipula que "El Consejo Superior del Poder Judicial vela por la aplicación de las garantías otorgadas a los magistrados, en especial en cuanto a su independencia, su propuesta de nombramiento, su ascenso, su jubilación y su disciplina". Ya la "Constitución" de 1996 conocía (artículo 86) de la existencia de un "Consejo Superior de la Magistratura" (CSM) con cierta similitud estructural con el nuevo "Consejo Superior del Poder Judicial" (CSPJ). Ahora bien, este CSPJ que debe velar por las "garantías" otorgadas a los jueces está controlado por el rey. En efecto, de acuerdo con el artículo 115 de la nueva "Constitución" el CSPJ, que preside el propio rey, se compone de 20 miembros (además del rey) que, preside el órgano (artículo 56). Pues bien, 10 de esos miembros son designados directa o indirectamente por el rey. Por lo demás, es uno de esos 10 miembros designados por el rey quien preside el CSPJ por delegación del rey. El rey nombra, directamente, 5 miembros. Pero además hay otros cinco miembros que son designados indirectamente:

En primer lugar, el "Defensor del Pueblo", que es una figura que, aunque aparezca mencionada en la nueva "Constitución" (artículo 162), fue creada por "dahir" real y su titular es designado libremente por el rey. La Constitución no alude al modo de designar a su titular por lo que es fácil entender que se mantiene el actual régimen legal que atribuye al rey su libre nombramiento.

En segundo lugar, el "Presidente del Consejo Nacional de Derechos Humanos", que es otra figura que, como ocurre con la anterior, está recogida en la "Constitución" (artículo 161) pero fue creada antes por "dahir" y su titular es designado libremente por el rey.

En tercer lugar, el "fiscal general del rey ante el tribunal de casación", que es un puesto de libre designación real (ya formaba parte del CSM de la "Constitución" de 1996).

En cuarto lugar, el presidente de la Sala Primera del Tribunal de Casación (ya formaba parte del CSM de la "Constitución" de 1996). Ahora bien, aunque la "Constitución" no lo diga claramente (artículo 113.1) el Consejo del Poder Judicial decide sólo sobre el nombramiento de los magistrados al entrar en la carrera judicial pero no sobre los nombramientos de las presidencias de los tribunales principales. En consecuencia, la designación del puesto de presidente de la Sala Primera del Tribunal de Casación depende del rey.

En quinto lugar, el primer presidente del Tribunal de Casación (que actúa como presidente del Consejo por delegación del rey), que también es nombrado por el rey y que ya formaba parte del CSM de la "Constitución" de 1996).

El resultado de este esquema es que el órgano que debe velar por la "independencia" de la justicia "depende" del rey pues 10 de sus 20 miembros, incluido el presidente por delegación (con voto de calidad) son designados por el rey. La situación constituye una regresión respecto a la "Constitución" de 1996 que compuesto de 11 miembros, contaba con 6 de ellos elegidos entre los jueces, siendo 5 controlados por el rey. Debe advertirse, no obstante, que los dahires reales para proceder a este nombramiento de miembros del Consejo Superior del Poder Judicial deben estar refrendados por el Jefe del Gobierno (artículo 42.4 de la "Constitución"). ¿Se trató de un despiste del redactor de la Constitución? La hipótesis no es excluible. Recuérdese que el texto de la "Constitución" publicado inicialmente el 17 de junio fue "corregido" un día antes del referéndum, el 30 de junio para añadir un nuevo supuesto a la relación de dahires que no precisan refrendo del presidente del gobierno.

IV.1.A.e. Control sobre el Tribunal Constitucional

El artículo 130.1 de la nueva "Constitución" de 2011, sobre composición del Tribunal Constitucional, no innova respecto a lo establecido en el artículo 79 de la anterior de 1996.

El Consejo Constitucional (antecedente del actual Tribunal Constitucional) ha conocido de un ridículo número de asuntos. Aunque previsto en la reforma de 1992, su creación data de 1994. Desde entonces hasta marzo de 2005 (11 años) sólo fue requerido 9 veces para pronunciarse sobre la constitucionalidad de las leyes ordinarias. Una de las explicaciones es que una de las "originalidades" del sistema marroquí es que más allá de la protección de la Constitución por el Consejo Constitucional, se atribuye también al rey velar por la ley fundamental. El rey, en virtud del antiguo artículo 19 de la "Constitución" de 1996 podía dejar sin efecto cualquier acto o norma jurídica que él considerase que eran contrarios a la Constitución[261]. Esa "originalidad" continúa existiendo pues el contenido del antiguo artículo 19 se mantiene en los nuevos artículos 41 y 42. En efecto, la "Constitución" sigue diciendo que el rey "vela por el respeto de la Constitución" (artículo 42.1) y que dicha competencia la ejerce mediante "dahir" (artículo 42.3).

El órgano de teórico control de la constitucionalidad ("Consejo Constitucional" en 1996 y "Tribunal Constitucional" en 2011) se compone de doce miembros, nombrados por un período de nueve años. El texto de 2011 añade que el mandato no es renovable, pero eso es una cuestión menor. Lo relevante es que en el texto de 2011, como en el de 1996, seis de los doce miembros son designados por el rey (de los cuales uno debe ser propuesto por el Secretario General del Consejo Superior de los Ulemas), mientras que los otros seis miembros restantes son elegidos, mitad por la Cámara de Representantes, mitad por la Cámara de Consejeros, entre los candidatos presentados por la Mesa de cada Cámara, a resultas de una votación secreta y por mayoría de dos tercios de los componentes de cada Cámara. Al estar el Tribunal compuesto por un número par de miembros, la figura del presidente, con voto de calidad, resulta especialmente importante. El texto de 2011, igual que el hassaniano de 1996, dispone que el Presidente del Tribunal Constitucional es nombrado por el Rey entre los miembros que componen el Tribunal. Es decir, el presidente no lo eligen los miembros del Tribunal, sino el propio Rey que se garantiza que el voto de calidad pueda recaer en uno de los magistrados propuestos directamente por él.

---

[261] Norddin Hennani, *La protection de la Constitution par le Conseil Constitutionnel au Maroc*, tesis doctoral presentada en la Universidad de Estrasburgo, 2009, p. 25-26.

Debe advertirse que el artículo 42.4 de la "Constitución" excluye expresamente la necesidad de refrendo por el jefe del Gobierno de los dahires mediante los que el rey nombra a magistrados y presidente del Tribunal Constitucional. De este modo, el Tribunal Constitucional, igual que el Consejo Superior del Poder Judicial, queda bajo el control remoto del rey. Con lo cual puede declararse contrario a la "Constitución" aquello que no le plazca al monarca.

IV.1.B. En la esfera religiosa: una monarquía teocrática

Barbier ha propuesto distinguir entre "islam de Estado" y "Estado del islam". El primero sería aquel en el que el Estado domina y controla la religión, la organiza, la apoya y la pone a su servicio. En este caso el islam queda sometido al Estado y se convierte en un instrumento de su política, sería el caso de Egipto (al menos el anterior a la revolución de Tahrir)[262]. El segundo modelo es el del "Estado del islam" en el que el Estado está subordinado al islam, y dirigido y controlado por éste. El Estado se convierte en un instrumento del islam.

Es lo que se puede llamar un "Estado islámico". Ejemplos de ello serían Arabia Saudí o Irán[263]. Ambos países han ejercido una cierta influencia sobre la nueva "Constitución" marroquí. En efecto, Arabia Saudi es una monarquía teocrática en el que "El libro de Dios y la *sunna* de su profeta –…–, son su Constitución"[264], mientras que Irán es una república teocrática guiada por el principio de que "Todas las leyes y decretos civiles, penales, fiscales, económicos, administrativos, culturales, militares, políticos y otros cualesquiera deberán ser promulgados basándose en los preceptos islámicos", principio éste que "tiene absoluta prioridad sobre todos los principios de la Constitución y sobre otras leyes y decretos"[265]. Para velar por la supremacía de la ley islámica en Arabia Saudí se establece un "Consejo de los Ulemas"[266] y en

---

[262] Maurice Barbier, *La modernité politique*, Presses Universitaires de France-PUF, París, 2000, p. 219.

[263] Barbier, *op. cit.*, p. 220.

[264] Artículo 1 del Decreto de 1 de marzo de 1992 del rey Fahd Ibn Abdulaziz As-saud. Este Decreto se suele considerar como la "Constitución" saudita.

[265] Principio 4º de la Constitución de la República Islámica de Irán, de 2 y 3 de diciembre de 1979.

[266] Artículo 45 del Decreto de 1 de marzo de 1992.

Irán, un "Consejo de Guardianes" (*Pashdaran*)[267]. La nueva "Constitución" marroquí también establece un modelo teocrático que tiene, por ello, ciertas concomitancias con la normativa teocrática saudí e iraní.

A diferencia de lo que ocurre en Arabia Saudí o en Irán, en Marruecos la teocracia gira no en torno a un "Consejo" o grupo, sino en torno a un individuo, el sultán o rey, que se atribuye el título de "príncipe de los creyentes". En cuanto tal "príncipe" (*emir*) tiene "mando" en materia religiosa sobre los "creyentes" en la religión islámica. El artículo 41 de la "Constitución" es claro al decir que "el Rey, Príncipe de los creyentes (*Amir Al Mu-minín*), vela por el respeto del islam". El artículo 41.2 subraya que las prerrogativas religiosas "inherentes a la institución del Principado sobre los creyentes" le son "conferidas de manera exclusiva" y, por ello, las ejerce mediante "dahir" que no precisa de refrendo por el Jefe del Gobierno (artículo 42.4).

Aunque las competencias de mando sobre asuntos religiosos competen al rey exclusivamente, Hassán II, por un dahir de 1 de febrero de 1980, había creado el "Alto Consejo de los Ulemas" ("maestros" de doctrina islámica), como órgano de asesoramiento que, sin estar dotado de "*potestas*", pretendía consolidar la "*auctoritas*" de las decisiones del rey. Ahora, ese órgano va a recibir un nuevo nombre y una nueva configuración, el de "Consejo Superior de los Ulemas" con una consagración constitucional reforzada como órgano religioso islámico.

El nuevo "Consejo Superior de los Ulemas", que aparece mencionado en el artículo 41, junto a la figura del rey como "príncipe de los creyentes", tiene encomendadas en la "Constitución" tres funciones básicas.

En primer lugar, el Consejo Superior de los Ulemas es "*la única instancia habilitada para pronunciar dictámenes religiosos (Fatwas) aprobados oficialmente, sobre las cuestiones que se le sometan y ello sobre la base de los principios, preceptos y designios tolerantes del Islam*". Esta competencia que antes correspondía al rey o a su ministro de asuntos religiosos queda ahora conferida al "Consejo Superior de los Ulemas". Adviértase que, en la medida en que la composición, organización y funcionamiento de este Consejo se fija por el propio rey, éste sigue conservando indirectamente el monopolio para aprobar oficialmente "Fatwas".

---

[267] Principio 91º de la Constitución de la República Islámica de Irán, de 2 y 3 de diciembre de 1979.

En segundo lugar, el artículo 115 establece que, entre los miembros del "Consejo Supremo del Poder Judicial" que nombra libremente el rey uno debe estar propuesto por el Secretario General del Consejo Superior de los Ulemas. Naturalmente, ese Secretario General es un puesto nombrado también por el rey. La relevancia del precepto reside en que el Consejo Superior de los Ulemas, en virtud del mismo, introduce un "guardián" (por utilizar la terminología iraní) dentro del poder judicial. Con ello, lo que se pretende es que el Consejo Superior del Poder Judicial no actúe contraviniendo la ley islámica de la que el Consejo Superior de los Ulemas es guardiana.

La función que, en tercer lugar, atribuye la nueva "Constitución" al Consejo Superior de los Ulemas hace aún más clara la observación anterior. El artículo 130 dispone que, entre los miembros del Tribunal Constitucional que libremente designa el rey, uno de ellos debe ser propuesto por el Secretario General del Consejo Superior de los Ulemas. Aquí se hace aún más evidente la intención de introducir, en el órgano de (teórico) control de la constitucionalidad, a un "guardián" de la ley islámica, superior a la propia Constitución. Este miembro designado a propuesta del Consejo Superior de los Ulemas, si advirtiera que el Tribunal Constitucional pretende dar una interpretación a la "Constitución" que fuera contraria a la ortodoxia islámica oficial parece claro que advertiría al Consejo Superior de los Ulemas. No hay ninguna duda de que, en caso de que el Consejo Superior de los Ulemas dicte una "fatwa" contradiciendo una sentencia del Tribunal Constitucional, será la primera la que abrogue la segunda, pues, recordemos, "el islam es la religión del Estado" (artículo 3) y el rey "príncipe de los creyentes" "vela por el respeto del islam" (artículo 41.1).

Este carácter teocrático explica que el artículo 64 de la nueva "Constitución" excluya de la protección que brinda la prerrogativa parlamentaria de "inviolabilidad" la opinión "que ponga en cuestión... la religión musulmana".

IV.2. NO HAY DESCENTRALIZACIÓN: UNA "REGIONALIZACIÓN" VACÍA

IV.2.A. Marruecos constituye, sin duda ninguna, uno de los países más centralizados del mundo. Ello no ha obstado para que algún autor que defiende las posiciones oficiales del gobierno marroquí haya llegado a decir que "la

Constitución de 1962, y después las de 1970 y 1972, van a consolidar el proceso de descentralización"[268]. Pero sólo desde la más profunda ignorancia del concepto de descentralización puede defenderse esta tesis porque es un hecho que todas las decisiones de las entidades locales estaban sometidas a tutela del gobierno central algo que, como debiera saber cualquier persona que se atreva a escribir sobre estos temas, es incompatible con la descentralización. Si esto es cierto respecto a los municipios y provincias, también lo es respecto a las regiones.

IV.2.B. Como ya se ha dicho, uno de los tres objetivos de esta reforma "constitucional" era crear unos hechos consumados que intentaran reforzar la posición marroquí en su pretensión de anexionarse el Sahara Occidental. La nueva "Constitución" se aprueba después de que Marruecos haya presentado ya ante Naciones Unidas dos propuestas (una en 2003 y otra en 2007) para otorgar una "autonomía" a la "región" del Sahara Occidental.

En ambas, Marruecos afirmó que para poner en práctica estas propuestas se hacía necesario reformar la Constitución.

La primera de esas propuestas fue presentada oficial, pero discretamente (no fue objeto de publicación oficial y se conoce por una filtración), en diciembre de 2003[269]. El párrafo 5 de esa propuesta dice:

> *"El proyecto de Estatuto será sometido a una consulta libre refrendaria de las poblaciones afectadas después de que la Constitución marroquí haya sido revisada a este efecto. Será anexada a la Constitución del Reino, garantía de su estabilidad y de su naturaleza particular en el ordenamiento jurídico interno".*

---

[268] Saint-Prot, "État, territoire et développement politique au Maroc", p. 28.

[269] "Contribution du Maroc à la négociation d'une solution politique mutuellement aceptable de la question du Sahara". Cfr.: http://www.arso.org/ProjetA2003.pdf

La propuesta fue presentada a James Baker, entonces Enviado Personal del Secretario General de Naciones Unidas para el Sahara Occidental. Sin embargo, éste la consideró insuficiente. Es lo que se desprende del lenguaje codificado contenido en los parágrafos 2 y 28 del Informe presentado por el Secretario General de la ONU al Consejo de Seguridad sobre la cuestión del Sahara Occidental, el 19 de enero de 2004 (S/2004/39).

En cuanto a la segunda de esas propuestas, presentada oficial y públicamente en abril de 2007[270], en su párrafo 29 dice:

> *"la Constitución marroquí será revisada y el estatuto de autonomía se incorporará a la misma como prueba de su estabilidad y de su lugar particular dentro del ordenamiento jurídico nacional".*

IV.2.C. En 2011, Marruecos ha procedido a una reforma "constitucional" y ha tenido la oportunidad de demostrar la sinceridad de los propósitos expuestos ante la ONU. Sin embargo, tanto el procedimiento como el contenido de la nueva "Constitución", a mi juicio, han tenido el resultado contrario, esto es, han debilitado aún más la pretensión marroquí pues han dejado de manifiesto la mala fe con la que esas proposiciones han sido presentadas.

IV.2.C.a. El procedimiento utilizado para esta reforma, un referéndum, se ha intentado utilizar para pretender que la población del Sahara Occidental ocupado apoya la anexión. Esta pretensión fue claramente confesada por el ministro del Interior de Marruecos, Taieb Cherkaui, cuando afirmó que: "*estos datos indican que esta consulta refrendaria ha constituido para las ciudadanas y los ciudadanos de nuestras provincias del sur una nueva ocasión de reiterar su vinculación a su patria y a la integridad territorial del Reino y su adhesión total y completa a las grandes reformas iniciadas por SM el Rey Mohamed VI, que Dios le asista*".

Sin embargo, este procedimiento debilita la posición marroquí por dos razones. La primera es que las circunstancias del referéndum, como se ha analizado antes, no permiten sino calificarlo como fraudulento, lo que no puede sino desacreditar la pretensión de presentar el referéndum en el Sahara Occidental ocupado como un aval a la anexión. La segunda es que el hecho de que Marruecos haya organizado este referéndum en el Sahara Occidental que ocupa inutiliza su argumento de que la celebración de un referéndum sobre la autodeterminación, organizado por Naciones Unidas, es "imposible".

---

[270] Propuesta contenida en la "Carta de fecha 11 de abril de 2007 dirigida al Presidente del Consejo de Seguridad por el Representante Permanente de Marruecos ante las Naciones Unidas" (S/2007/206).

IV.2.C.b. El contenido de la nueva "Constitución" que dice establecer una "regionalización avanzada", sin embargo, consagra un modelo incompatible con las propuestas de "autonomía" que el propio Reino de Marruecos ha presentado ante Naciones Unidas. Marruecos ha presentado dos propuestas de "autonomía" para el Sahara Occidental: una en diciembre de 2003 y otra en abril de 2007. El hecho de que el texto "constitucional" elaborado en 2011, esto es, después de que Marruecos presentara en la ONU estos dos proyectos sea incompatible con los mismos, pone de manifiesto una evidente mala fe.

El artículo 1.4 de la nueva "Constitución" dice que "la organización territorial del Reino está descentralizada, fundada sobre una regionalización avanzada". Ese precepto queda desarrollado en el título IX dedicado a "las regiones y a las nuevas entidades territoriales". Son varios los preceptos contenidos en este título que resultan incompatibles con lo previsto en los proyectos de "autonomía" presentados por Marruecos para el Sahara Occidental.

En primer lugar, no existe garantía constitucional de la existencia de las "regiones". Frente a lo que pretendían los proyectos presentados en la ONU que aparentaban garantizar "constitucionalmente" la existencia de la "región" del Sahara[271], el artículo 135.4 establece que una ley ordinaria puede crear nuevas "entidades territoriales" que sustituyan a cualquiera de las mencionadas en el artículo 135.1 ("regiones, prefecturas, provincias y municipios").

En segundo lugar, las regiones carecen de poder legislativo. Los proyectos marroquíes presentados ante la ONU atribuían a la "región" del Sahara poder legislativos. Así se desprende sin ninguna duda de los párrafos 7 y 13 del proyecto de 2003 (que establecía que debía ser elegido íntegramente por sufragio universal) y de los párrafos 5 y 12 de la propuesta de 2007 (que indica que sólo una parte del mismo se elige por sufragio universal)[272]. Sin embargo, el artículo 140.2 pone de relieve que en el sistema de "regionalización avanzada" las regiones sólo tienen "poder reglamentario" o, lo que es lo mismo, carecen del poder legislativo que según Marruecos se iba a atribuir a la "región" del Sahara.

En tercer lugar, no está totalmente asegurada la autonomía administrativa de las regiones. Es cierto que la "Constitución" establece que cada región

---

[271] Ruiz Miguel, "La propuesta marroquí de autonomía ", cit., p. 286.

[272] Ruiz Miguel, "La propuesta marroquí de autonomía ", cit., p. 284.

elegirá sus consejos provinciales (art. 135.3) pero hay varias ambigüedades y silencios que dejan en precario la posibilidad de que haya, siquiera, una mínima autonomía administrativa. Por un lado, la "Constitución" guarda silencio acerca de quien debe nombrar al "Presidente" de las regiones (y de las demás entidades locales), a pesar de que son figuras de importancia porque son estos "presidentes" los que aseguran la ejecución de las decisiones de las regiones (art. 138). Por otro lado, una ley orgánica del Estado, debe desarrollar las condiciones de esa ejecución (art. 146.b). Y, finalmente, porque al gobernador de la entidad respectiva (cargo designado por el gobierno central) le corresponde el "control administrativo" en las entidades locales (art. 145.2).

Todo esto contrasta con lo que pretendían los proyectos de "autonomía" presentados por Marruecos en Naciones Unidas. El proyecto de 2003 determinaba expresamente (punto 9) que el presidente de la región era elegido por la asamblea (cosa que no hace la "Constitución") y que le correspondía la ejecución de las decisiones adoptadas por la región sin que en ningún momento se determinara que una ley del Estado debiera determinar las condiciones de esa ejecución y, mucho menos, que correspondiera al gobernador designado por el Gobierno central un "control administrativo" sobre los actos de las regiones, pues sólo había un control judicial (punto 12). Algo parecido ocurría con el proyecto de 2007 que establecía expresamente que el presidente regional debía ser elegido por la asamblea (punto 20) y que no mencionaba ni la posibilidad de que el gobernador designado por el Estado central pudiera realizar un "control administrativo" ni que una ley del Estado central regulara las condiciones de ejecución de las decisiones regionales[273].

En cuarto lugar, las regiones carecen de tribunales propios. La propuesta marroquí de "autonomía" de 2003 establecía que los litigios derivados de la aplicación de las normas regionales serían resueltos por "jurisdicciones locales", compuestas por magistrados que aunque fueran designados conforme a la legislación marroquí, debieran ser elegidos por sus atribuciones y competencias en materia territorial (párrafo 10). Por su parte, la propuesta marroquí de 2007 estipulaba que "*Determinadas jurisdicciones pueden ser creadas por el Parlamento regional con el fin de estatuir sobre los litigios nacidos de la aplicación de las normas fijadas por los órganos competentes de la Región*

[273] Ruiz Miguel, "La propuesta marroquí de autonomía ", cit., p. 284.

autónoma del Sáhara pronunciadas con toda independencia, en nombre del Rey" (parágrafo 22). Algo que llama la atención cuando advertimos que la nueva "Constitución" sí prevé la creación de "Tribunales de cuentas regionales" (artículos 149-150).

En contraste con estos proyectos la "Constitución" ni contempla en ningún caso que pueda haber tribunales de ámbito regional creados por el Estado marroquí, ni que la "región" pueda crear sus tribunales propios.

Por último, en quinto lugar, la nueva "Constitución" hace imposible la creación de ciertas dinámicas políticas regionales pues establece, en su artículo 7.4 que "los partidos políticos no pueden fundarse sobre una base (...) regional". Al prohibirse constitucionalmente los partidos de ámbito regional, se limita gravemente, o incluso se impide, que haya un debate político específicamente "regional", algo que resulta especialmente importante cuando hablamos de territorios que lingüística, étnica e históricamente han sido discriminados (por ejemplo, el Rif). Ni qué decir tiene que esta disposición, aplicada a la parte del territorio del Sahara Occidental ocupada por Marruecos impide que los saharauis puedan expresar políticamente sus posiciones.

A la vista de todo lo anterior resulta un sarcasmo afirmar que Marruecos está dispuesto a "negociar el contenido de (su) propuesta (de 2007) con la otra parte, a mejorarla, y a integrar el acuerdo alcanzado en su Constitución, esto es, a dotar a la autonomía del Sahara (Occidental) de las máximas garantías jurídico-políticas"[274].

IV.3. DERECHOS SIN GARANTÍA: MANTENIMIENTO DEL ESTADO DE SUMISIÓN

IV.3.A. La nueva "Constitución" marroquí de 2011 ha ampliado el número de artículos "reconociendo" derechos en comparación con el anterior texto de 1996. La ampliación del catálogo se ha hecho sin ningún miramiento por la realidad. Sirva de ejemplo el artículo 31 que habla del derecho a los "cuidados sanitarios" o al "acceso al agua" en un país donde el sistema de sanidad

---

[274] Tajadura Tejada, *op. cit.*

pública es sólo un buen deseo y donde hay millones de personas sin acceso a agua corriente.

El problema de la nueva "Constitución" no es que, como ha dicho una de las más importantes opositoras al régimen alauita, Nadia Yasín (sometida a un proceso cuya vista se viene aplazando de forma consecutiva desde hace varios años y objeto de una campaña de desprestigio por el majzen antes del referéndum sobre la nueva "Constitución") el nuevo texto contiene artículos que parecen otorgar muchos derechos a los marroquíes, "pero que son anulados por otros, ya que hay contradicción en los artículos"[275]. No creo que ese sea el principal problema. A mi juicio, el verdadero problema es que todo ese generosísimo catálogo de derechos carece de un sistema de garantías. El resultado es que, a pesar de la proclamación retórica de numerosos "derechos", la situación de los individuos marroquíes sigue siendo de sometimiento a un poder irresponsable que actúa con impunidad.

La nueva "Constitución" ha ampliado el catálogo de "derechos" existente en el texto anterior de 1996. Estos "derechos" se recogen en varios títulos. En primer lugar, la mayor parte del Título I titulado a "Disposiciones generales" se dedica a recoger diversos "derechos" (artículos 7-18). En segundo lugar, el título II, titulado "Libertades fundamentales", se dedica íntegramente a incluir "derechos" (artículos 19-40). En tercer lugar, en el título VII se incluye un capítulo sobre los "derechos de los justiciables" (artículos 117-128). Y finalmente, en cuarto y último lugar, se incluyen nuevos "derechos" en el título XII sobre "El buen gobierno" (artículos 154 y 156).

IV.3.B. La inclusión de un amplísimo elenco de "derechos" contrasta con la ausencia efectiva de mecanismos de protección de los mismos. El nuevo texto incluye algunos instrumentos de pretendida protección "general" del conjunto de los "derechos" (artículos 161 y 162) y otros de supuesta protección "específica" (artículos 163-170). Estos artículos prevén órganos que se caracterizan porque la determinación de su composición, organización, competencias y funcionamiento no se hace en la "Constitución", sino en una futura ley. O lo que es lo mismo: si llega a haber alguna "garantía" será de tipo legal, pero no

---

275 Declaraciones recogidas en Paula Rosas, "Marruecos despierta de su letargo político", *ABC* (29-V-2011).

constitucional. La "Constitución", insisto, no establece ninguna garantía de los "derechos" que ostentosamente proclama.

IV.3.B.a. Los instrumentos de pretendida "protección" general son dos: el "Consejo nacional de derechos humanos" y el "defensor del pueblo".

I. El "*Consejo nacional de derechos humanos*", previsto en el artículo 161, se define como una "institución nacional pluralista e independiente", a la que se encarga "conocer de todas las cuestiones relativas a la defensa y protección de los derechos humanos y de las libertades" y "la garantía de su pleno ejercicio y de su promoción", así como de "la preservación de la dignidad, de los derechos y de las libertades individuales y colectivas de las ciudadanas y de los ciudadanos". Sin embargo, es evidente que esas palabras no son ciertas. Difícilmente una instancia que no forma parte del poder judicial puede ofrecer la "garantía" del "pleno ejercicio" de los derechos y "la preservación de la dignidad, de los derechos y de las libertades" .

Este órgano ya ha sido creado por un *dahir* de Mohamed VI de marzo de 2011 antes de aprobarse la nueva "Constitución"[276]. El *dahir* de marzo de 2011 define a este órgano igual que el artículo 161 de la "Constitución". Sin embargo, el desarrollo que hace el *dahir* no ofrece lugar a dudas. Este "Consejo" puede realizar determinadas "investigaciones" de oficio o a instancia de parte, pero una vez hechas lo más que hace es emitir "informes" (artículos 4 y 11 del dahir). No puede tomar medidas que impidan, suspendan o anulen el hecho presuntamente violatorio del derecho afectado, por lo que queda meridianamente claro, pues, que la "garantía" que ofrece es muy insuficiente.

Por lo demás, el rey interviene directamente en la designación de 10 de sus 30 miembros, además del presidente que él nombra.

II. Algo parecido ocurre con el "*Defensor del Pueblo*", previsto en el artículo 162, que se define como una "institución nacional independiente y especializada" que tiene por misión, en el marco de las relaciones entre la administración y sus usuarios, "defender los derechos".

---

[276] Dahir nº 1-11-19, de 1 de marzo 2011, publicado en el "*Bulletin Officiel*" del Reino de Marruecos nº 5925, de 3 de marzo de 2011.

Dado que esta figura ya fue creada por Mohamed VI antes de la aprobación de la nueva "Constitución" baste comprobar cuál ha sido la eficacia práctica de la misma.

El "Defensor del Pueblo" ha sido creado por un *dahir* de Mohamed VI de 17 de marzo de 2011[277] Este dahir lo define exactamente igual que la "Constitución" y sus competencias son las habituales de un "Ombudsman", o sea, la realización de investigaciones e informes pero sin tener competencia para suspender o anular ninguna medida presuntamente violatoria de derechos. El dahir establece, por otro lado, que es el propio rey quien designa al Defensor del Pueblo.

La experiencia de "Ombudsman" en Marruecos bastante frustrante. El actual "Defensor del Pueblo" sustituye al anterior "Ombudsman" llamado "Diwan Al Madhalim", creado por otro dahir de 2001[278]. Un autor marroquí ha tenido la desfachatez de publicar en España que el hecho de ser nombrado por el rey le otorga "autonomía funcional"[279]. Para hacerse una idea de la credibilidad de esa "autonomía funcional" basta citar un dato revelado por la prensa marroquí. Tres años después de haber sido creado en 2001 por Mohamed VI, ese "Diwan" que tenía que actuar con "neutralidad e independencia", tenía su sede ¡¡¡en el Palacio Real!!![280]. Lo cual, naturalmente, no fue óbice para que Marruecos vendiera ante los organismos internacionales el "avance" que supuso crear este órgano[281].

Por lo demás, no queda del todo clara la delimitación de las funciones entre el "Consejo Nacional de Derechos Humanos" y el "Defensor del Pueblo".

---

[277] Dahir nº 1-11-25, de 17 de marzo 2011, publicado en el "*Bulletin Officiel*" del Reino de Marruecos nº 5926, de 17 de marzo de 2011.

[278] Dahir N° 1-01-298 de 9 de diciembre de 2001, publicado en el "*Bulletin Officiel*" del Reino de Marruecos nº 4966, de 3 de enero de 2002.

[279] Abdelhamid Adnane, "El Ombudsman marroquí o Diwan al Madalim a la luz de la experiencia española", *Teoría y Realidad Constitucional* nº 26 (2010), p. 511 ss. (p. p. 514). La afirmación de este autor puede explicarse si atendemos a que, en el mismo artículo habla de que en Marruecos se produjo una "formalización de los principios del constitucionalismo democrático a partir de 1962" (p. 512).

[280] "Diwan al madalim ¡Au Palais Royal!, *Tel Quel* nº 122 (9-IV-2004).

[281] A título de ejemplo, véanse las conclusiones del "Comité contra la tortura" de Naciones Unidas, de 20 de noviembre de 2003, ante el informe presentado por Marruecos donde se "toma nota" del establecimiento de estos organismos. Cfr.:

http://www.unhchr.ch/huricane/huricane.nsf/0/2BBA5177ED35BB4DC1256DE50030CF2E ?opendocument

IV.3.B.b. Junto a los anteriores, la "Constitución" establece un amplísimo elenco de órganos dedicados a la "protección" específica de alguno de los "derechos", que se "reconocen". Encontramos así los siguientes organismos: el "Consejo de la Comunidad marroquí en el extranjero" (artículo 163) en relación con los derechos de los emigrantes; la "autoridad encargada de la paridad y de la lucha contra cualquier forma de discriminación" (artículos 19 y 164); la "Alta autoridad de la comunicación audiovisual" (artículos 28 y 165); el "Consejo de la competencia" (artículos 35, 36 y 166); la "La instancia nacional de probidad y de lucha contra la corrupción" (artículos 36 y 167); el "Consejo Superior de la educación, de la formación y de la investigación científica" (artículo 168); el "Consejo consultivo de la familia y la infancia" (artículos 32 y 169); el "Consejo de la juventud y de la acción asociativa" (artículos 33 y 170).

Todos estos órganos quedan condicionados a lo que determina una ley que fije su "composición, organización, competencias y reglas de funcionamiento" (artículo 171). Alguno de esos órganos ya existe. Lo que resulta, en todo caso, evidente, son dos cosas. La primera es que la "Constitución" no provee para ninguno de estos órganos competencias para ofrecer una "garantía" a los derechos supuestamente protegidos. Y la segunda que, en el caso de los órganos ya existentes, la regulación legal no ofrece ni de lejos una auténtica "garantía" de esos derechos.

IV.3.B.c. El artículo 133.1 de la "Constitución" establece la única disposición que aparenta ser una garantía constitucional parcial de los "derechos" reconocidos en la "Constitución". Este precepto dispone que el Tribunal Constitucional es competente para conocer "de la cuestión de inconstitucionalidad planteada en el curso de un proceso, cuando una de las partes sostenga que la ley de la que depende el fallo del litigio, atenta a los derechos y libertades garantizados por la Constitución". Bien entendido que el segundo párrafo de ese artículo remite a una ley orgánica el establecimiento de "las condiciones y modalidades de aplicación del presente artículo". Ahora bien, un análisis cuidadoso de esta supuesta "garantía" conduce a la decepcionante conclusión de que la misma, es sólo aparente, pero no real. Y que ni es una verdadera "garantía", ni puede calificarse de "constitucional" y sólo opera teóricamente frente al poder legislativo, pero no el ejecutivo, que es la verdadera amenaza.

En primer lugar, es más que dudoso hablar de una auténtica "garantía" porque, como ya se ha dicho, el órgano que debe determinar si se produce esa supuesta "violación" de los "derechos" es el Tribunal Constitucional que, como ya se ha explicado, se halla controlado por el rey.

En segundo lugar, tampoco aquí se puede hablar de una garantía "constitucional" porque será la ley la que determine las condiciones de aplicación de la misma. O lo que es lo mismo, que la "garantía", de llegar a existir será legal.

Y, en tercer lugar, conviene observar que esta normativa procura determinar si una "ley" atenta a los derechos. Es una especie de "legitimación universal" para cuestionar la constitucionalidad de las leyes en materia de derechos humanos. Pero el problema, como sabe cualquiera, no es tanto si las leyes violan los "derechos y libertades", cuanto que el ejecutivo viola impunemente las leyes que existen en Marruecos, aun no siendo precisamente generosas en este terreno.

En definitiva, los derechos proclamados se quedan en retórica vacía, pues no existe una "garantía constitucional" de los derechos digna de tal nombre.

IV.3.B.d. Si examinamos las garantías que revisten los derechos fundamentales allí donde están verdaderamente garantizados, veremos que la eficacia de los mismos se vertebra fundamentalmente sobre la idea de que los derechos reconocidos en la Constitución vinculan a **todos** los poderes públicos. Es significativo que esa cláusula se haya omitido en la "Constitución" marroquí.

BIBLIOGRAFÍA

Abdelhamid Adnane, "El Ombudsman marroquí o Diwan al Madalim a la luz de la experiencia española", *Teoría y Realidad Constitucional* nº 26 (2010), p. 511 ss.

Ali Amar, *Mohamed VI. Le grand malentendu*, Calmann-Lévy, París, 2009.

Maurice Barbier, *La modernité politique*, Presses Universitaires de France-PUF, París, 2000.

Driss Basri, Michel Rousset y Georges Vedel (dirs.), *Trente années de vie constitutionnelle au Maroc. Édification d'un État moderne*, Librerie générale de droit et de jurisprudence, París, 1993.

Mohamed Benhlal, "Maroc. Chronique intérieure", *Annuaire de l'Afrique du Nord*, 1995, p. 629 ss.

Kawtar Ben Cheikh y M. Bouaziz, "La Constitution de 1908", *Le Journal Hebdomadaire* nº 280 (2 -8 Diciembre 2006).

Omar Bendourou, "Transition démocratique et réformes politiques et constitutionnelles au Maroc", *Annuaire de l'Afrique du Nord*, 2000-2001, p. 233 ss.

Omar Bendourou, "Power and Opposition in Morocco" en *Journal of Democracy* 7.3 (1996) 108 ss.

Mohamed Boudarham, "Politique. À quoi sert la région?", *Tel Quel* nº 392 (2009)

Jean-Philippe Bras, "Chronique marocaine", *Annuaire de l'Afrique du Nord*, 1989, p. 607 ss.

Jean-Yves Cara, Frédéric Rouvillois y Charles Saint-Prot, *Le Maroc en marche. Le développement politique, social et économique du Maroc*, CNRS, París, 2009.

Ignacio Cembrero, "Un citoyen Espagnol indigné", *Lakome* (18-VII-2011) http://fr.lakome.com/international/59-actualites-international/549-ignacio-cembrero.html

Paul Chambergeat, "Le referéndum constitutionnel du 7 Décembre 1962 au Maroc", *Annuaire de l'Afrique du Nord*, 1962, p. 167 ss.

Mohamed Cherkrad, "La Corona en la Constitución y su papel en el sistema político-marroquí", *Cuestiones Constitucionales* nº 57, (2006), p 77 ss.

Ignace Dalle, *Hassan II, entre tradition et absolutisme*, Fayard, Paris, 2011.

Jean Dupont, "Constitutionalisaton et consultations populaires au Maroc", *Annuaire de l'Afrique du Nord*, 1970, p. 163 ss. (p. 163).

Baudouin Dupret, "Le juge et le jeu de la normalisation islamique du droit positif", en *Journal of Legal pluralism and Unofficial Law*, nº 42 (1998), p. 199 ss.

Maurice Duverger, "La seconde Constitution marocaine", *Le Monde* (01-Séptembre-1970).

Gloria Esteban de la Rosa (coord..), Jamila Ouhida, Karima Ouald Ali y Tijaniya Saghir, *Nuevo Código de Familia marroquí y su aplicación en España*, Difusión Jurídica, Madrid, 2009.

Hassan II, *Le défi*, Albin Michel, París, 1976.

Norddin Hennani, *La protection de la Constitution par le Conseil Constitutionnel au Maroc*, tesis doctoral presentada en la Universidad de Estrasburgo, 2009.

Human Rights Watch, *Maroc: Les droits humains à la croisée des chemins*, Octobre 2004 Vol. 16, No. 6(E).

Abdeslam Kadiri, "Histoire. Casablanca, le 23 mars 1965", *Tel Quel* nº 169 (2006).

Bernabé López García y Carlos Celaya, "Una Constitución que nos afecta", *El País* (25-VI-2011).

Michel Louis Martin, *Les nouvelles Constitutions des pays francophones du sud. Textes et annalyses*, L'Hermès, Paris, 1998.

Mohamed VI, *Les discours de Sa Majesté Le Roi Mohamed VI*, http://www.maec.gov.ma/fr/l-com.asp?typ=dr

Khadija Mohsen-Finan, "La 'excepción marroquí' en las revueltas árabes", *El País* (30-VI-2011).

Marina Ottaway & Meredith Riley, *Morocco: From top-down to democratic transition*, Carnegie Papers. Middle East Series, nº 71 (2006).

Jacques Robert, "La Constitution marocaine du 31 juillet 1970", *Maghreb*, nº 41 (septiembre-octubre 1970), p. 29 ss.

Michel Rousset, "Le régime politique de la Monarchie marocaine", *Révue du Ministère des Affaires Étrangères*, mayo de 1963, p. 13.

Michel Rousset, *Le Royaume du Maroc*, Berger-Levrault, París, 1978.

Carlos Ruiz Miguel, *El Sahara Occidental y España. Historia, política y Derecho*, Dykinson, Madrid, 1995.

Carlos Ruiz Miguel, "El largo camino jurídico y político hacia el "Plan Baker II": ¿Estación de término?", en *Anuario Mexicano de Derecho Internacional*, vol. V (2005), p. 445 ss.

Carlos Ruiz Miguel, "La propuesta marroquí de autonomía para el Sahara Occidental de 2007: una antigua propuesta sin credibilidad", *Revista de Estudios Autonómicos y Federales*, nº 7 (2008), p. 268 ss.

Carlos Ruiz Miguel, "Los vicios de origen de los procesos autonómicos", *Teoría y Realidad Constitucional* nº 24 (2009), p. 249 ss.

Carlos Ruiz Miguel, "Rebelión en Siria: ¿en la encrucijada o hacia el precipicio?", *Anuario de Derecho Internacional* vol. 27 (2011), p. 243 ss.

Mohamed Saadi, *Le dificile chemin des droits de l'homme au Maroc. Un déni de réconnaissance*, L'Harmatan, París, 2009.

Charles Saint-Prot. Ahmed Bouachik y Fréderic Rouvillois (dirs.), *Vers un modèle marocain de régionalisation*, CNRS, Paris, 2010.

Jean-Claude Santucci, "D'une constitution à l'autre le Maroc à la recherche de la démocratie", *Europe France Outremer*, nº 507 -508, abril-mayo 1972, p. 13-15.

Jean-Claude Santucci, "Chronique politique-Maroc", *Annuaire de l'Afrique du Nord*, 1980, p. 555 ss.

Jean-Claude Santucci "Maroc. Chronique intérieure", en *Annuaire de l'Afrique du Nord*, 1992, p. 835 ss.

Javier Tajadura Tejada, "Transición política en Marruecos", *El País* (24-XI-2011).

Jean Pierre Tuquoi, *Majesté, je dois beaucoup à votre père...*, Albin Michel, París, 2006.

José Antonio Vera, *La gran mentira, ¿Qué se esconde detrás de la guerra del petróleo?*, Belacqua, Barcelona, 2005.

VV.AA., *Indépendance nationale et système juridique au Maroc. En hommage au Professeur Michel Rousset*, Presses Universitaires de Grénoble, Grénoble, 2000.

María Concepción Ybarra, "La rebelión del Rif (1958-1959)", *Espacio, Tiempo y Forma*, t. 10 (1997), p. 333 ss.

ANEXOS

I. TEXTO DE LA NUEVA "CONSTITUCIÓN" MARROQUÍ DE 2011[282]

Dahir nº 1-11-91 de 27 de Chaaban (29 de Julio de 2011) promulgando el texto de la Constitución

¡ALABANZA SÓLO A DIOS![283]

Sabed,

Que Dios engrandezca y fortalezca su sabiduría

Que nuestra majestad jerifiana ;

Vista la Constitución, en especial sus artículos 29 y 105 ;

Visto el dahir nº 1-11-82 de 14 de reyeb de 1432 (17 de junio de 2011) sometiendo a referendum el proyecto de Constitución :

Vista la ley orgánica nº 29-93 relativa al Consejo Constitucional, promulgada por dahir nº 1-94-124 de 14 de ramadán de 1414 (25 de febrero de 1994), tal y como ha sido modificado y completada, en especial sus artículos 36 y 37;

Vistos los resultados del referéndum sobre el proyecto de Constitución que ha tenido lugar el viernes 28 de reyeb de 1432 (1 de julio de 2011), proclamados por el Consejo Constitucional por decisión nº 815-2011 de 12 de chaaban de 1432 (14 de julio de 2011),

---

[282] Traducción no oficial del texto oficial publicado en francés. En el "*Bulletin Officiel*" del Reino de Marruecos, de 30 de julio de 2011.

[283] En mayúsculas en el original francés, pero no en el original árabe porque la lengua árabe no distingue entre minúsculas y mayúsculas.

DECIDE LO SIGUIENTE:

Queda promulgada y será publicada en el *Bulletin Officiel*, a continuación del presente *dahir*, el texto de la Constitución tal y como ha sido adoptado por medio de referéndum el viernes 28 de reyeb de 1432 (1 de julio de 2011),

Hecho en Tetuán el 27 de chaaban de 1432 (29 de julio de 2011)

PREÁMBULO

Fiel a su decisión irreversible de construir un Estado de Derecho democrático, el Reino de Marruecos prosigue resueltamente el proceso de consolidación y de reforzamiento de las instituciones de un Estado moderno, teniendo por fundamentos los principios de participación, de pluralismo y de buen gobierno. Desarrolla una sociedad solidaria donde todos gocen de seguridad, de libertad y de igualdad de oportunidades, del respeto de su dignidad y de la justicia social, en el marco del principio de correlación entre los derechos y los deberes de la ciudadanía.

Estado musulmán soberano, apegado a su unidad nacional y a su integridad territorial, el Reino de Marruecos entiende preservar, en su plenitud y en su diversidad, su identidad nacional una e indivisible. Su unidad, forjada por la convergencia de sus componentes árabo-islámico, amazig y sahariano-hassaní, se ha nutrido y enriquecido de sus afluentes africano, andaluz, hebraico y mediterráneo. La preeminencia atribuida a la religión musulmana en el conjunto de referentes nacionales va a la par con el apego del pueblo marroquí a los valores de apertura, de moderación, de tolerancia y de diálogo para la mutua comprensión entre todas las culturas y civilizaciones del mundo.

Considerando el imperativo de reforzar el papel que le corresponde en la escena mundial, el Reino de Marruecos, miembro activo en el seno de organizaciones internacionales, se compromete a suscribir los principios, derechos y obligaciones enunciadas en sus Cartas y convenios respectivos. Reafirma su apego a los derechos humanos tal y como son reconocidos universalmente, así como su voluntad de continuar obrando para preservar la paz y la seguridad en el mundo.

Fundándose sobre estos valores y principios inmutables, y fortalecido por su firme voluntad de reafirmar los vínculos de fraternidad, de cooperación, de solidaridad y de relación constructiva con otros Estados, y de obrar a favor del progreso común, el Reino de Marruecos, Estado unido, totalmente soberano, perteneciente al Gran Magreb, reafirma y se compromete a lo siguiente:

- obrar a favor de la construcción de la Unión del Magreb, como opción estratégica;
- Profundizar el sentido de pertenencia a la Comunidad (*Umma*) árabo-islámica, y reforzar los vínculos de fraternidad y de solidaridad con sus pueblos hermanos;
- Consolidar las relaciones de cooperación y de solidaridad con los pueblos y los países de Africa, en especial, los países del Sahel y del Sahara;
- Intensificar las relaciones de cooperación, de acercamiento y de asociación con los países de la vecindad euro-mediterránea;
- Ampliar y diversificar sus relaciones de amistad y sus relaciones de intercambio humano, económico, científico, técnico y cultural con todos los países del mundo;
- Reforzar las relaciones de cooperación sur-sur;
- Proteger y promover los dispositivos de derechos humanos y del Derecho Internacional humanitario y contribuir a su desarrollo en su indivisibilidad y su universalidad;
- Abolir y combatir toda discriminación contra cualquiera, por razón de sexo, color, creencias, cultura, origen social o regional, lengua, incapacidad o cualquier otra circunstancia personal;
- Otorgar a las convenciones internacionales, debidamente ratificadas por él, en el marco de las disposiciones de la Constitución y de las leyes del Reino, en el respeto de su identidad nacional inamovible, y desde la publicación de estas convenciones, la primacía sobre el Derecho interno del país, y armonizar en consecuencia las disposiciones pertinentes de su legislación nacional.

Este preámbulo es parte integrante de la presente Constitución.

TÍTULO I.
DISPOSICIONES GENERALES

Artículo primero.

Marruecos es una monarquía constitucional, democrática, parlamentaria y social. El régimen constitucional del Reino está fundado sobre la separación, el equilibrio y la colaboración de poderes, así como sobre la democracia ciudadana y participativa, y los principios de buen gobierno y de la correlación entre la responsabilidad y la rendición de cuentas.

La Nación se apoya en su vida colectiva sobre unas constantes federadoras, que son la religión musulmana moderada, la unidad nacional de afluentes múltiples, la monarquía constitucional y la decisión de optar por la democracia.

La organización territorial del Reino está descentralizada, fundada sobre una regionalización avanzada.

Artículo 2.

La soberanía corresponde a la nación que la ejerce directamente por medio del referéndum e indirectamente por medio de sus representantes.

La nación elige sus representantes en el seno de las instituciones elegidas por medio de sufragio libre, limpio y regular.

Artículo 3.

El islam es la religión del Estado, que garantiza a todos el libre ejercicio de los cultos.

Artículo 4.

El emblema del reino es la bandera roja con una estrella verde de cinco puntas en su centro.

El lema del reino es DIOS, PATRIA, REY[284].

Artículo 5.

El árabe es la lengua oficial del Estado.

El Estado actúa para proteger y desarrollar la lengua árabe, así como a la promoción de su uso.

El amazig constituye igualmente una lengua oficial del Estado, en tanto patrimonio común de todos los marroquíes sin excepción.

Una ley orgánica define el proceso de puesta en práctica del carácter oficial de esta lengua, así como las modalidades de su integración en la enseñanza y en los terrenos prioritarios de la vida pública, a fin de permitirla llevar a término su función de lengua oficial.

El Estado actúa para permitir la preservación del hassanía, en tanto que parte integrante de la identidad cultural marroquí unida, así como para la protección de los dialectos y expresiones culturales practicados en Marruecos. Igualmente, vela por la coherencia de la política lingüística y cultural nacional y por el aprendizaje y el dominio de los idiomas extranjeros más utilizados en el mundo, en tanto que útiles de comunicación, de integración y de interacción con la sociedad del conocimiento y de apertura sobre las diferentes culturas y civilizaciones contemporáneas.

Se crea un Consejo nacional de las lenguas y la cultura marroquí, encargado en especial de la protección y del desarrollo de las lenguas árabe y amazig y de las diversas expresiones culturales marroquíes, que constituyen un patrimonio auténtico y una fuente de inspiración contemporánea. Agrupa el conjunto de las instituciones implicadas en estas materias. Una ley orgánica determina sus competencias, su composición y sus modalidades de funcionamiento.

---

[284] En mayúsculas en el original francés, pero no en el original árabe porque la lengua árabe no distingue entre minúsculas y mayúsculas.

Artículo 6.

La ley es la expresión suprema de la voluntad de la nación. Todos, personas físicas o jurídicas, incluidos los poderes públicos, son iguales ante ella y a ella están sometidos.

Los poderes públicos actúan para crear las condiciones que permitan generalizar la efectividad de la libertad y la igualdad de las ciudadanas y de los ciudadanos así como su participación en la vida política, económica, cultural y social.

Se afirman los principios de constitucionalidad, de jerarquía y de obligación de publicar las normas jurídicas.

La ley no puede tener efecto retroactivo.

Artículo 7.

Los partidos políticos actúan para encuadrar y formar políticamente a las ciudadanas y a los ciudadanos, así como para promover su participación en la vida nacional y en la gestión de los asuntos públicos. Concurren a expresar la voluntad de los electores y participan en el ejercicio del poder, sobre la base del pluralismo y la alternancia por medios democráticos, en el marco de las instituciones constitucionales.

Su creación y el ejercicio de sus actividades son libres, dentro del respeto de la Constitución y de la ley.

El régimen de partido único es ilegal.

Los partidos políticos no pueden fundarse sobre una base religiosa, lingüística, étnica o regional, o, de un modo general, sobre cualquier otra base discriminatoria o contraria a los derechos humanos.

No pueden tener como objetivo atentar a la religión musulmana, al régimen monárquico, a los principios constitucionales, a los fundamentos democráticos o a la unidad nacional y a la integridad territorial del reino.

La organización y funcionamiento de los partidos políticos deben ser conformes con los principios democráticos.

Una ley orgánica determina, en el marco de los principios enunciados en este artículo, las reglas relativas, en especial, a la creación y a las actividades de los partidos políticos, a los criterios de otorgamiento de apoyo financiero por el Estado y a las modalidades de control de su financiación.

Artículo 8.

Las organizaciones sindicales de trabajadores, las cámaras profesionales y las organizaciones profesionales de empresarios contribuyen a la defensa y a la promoción de los derechos y de los intereses socioeconómicos de las categorías que representan. La creación y el ejercicio de sus actividades son libres, dentro del respeto a la Constitución y a la ley.

La estructura y funcionamiento de estas organizaciones deben ser conformes con los principios democráticos.

Los poderes públicos actúan para promover la negociación colectiva y animan a concluir convenios colectivos de trabajo en las condiciones previstas por la ley.

La ley determina, en particular, las reglas relativas a la creación de organizaciones sindicales, a sus actividades y a los criterios de atribución de apoyo financiero por el Estado, así como a las modalidades de control de su financiación.

Artículo 9.

Los partidos políticos y las organizaciones sindicales no pueden ser disueltas o suspendidas por los poderes públicos sino en virtud de una decisión judicial.

Artículo 10.

La Constitución garantiza a la oposición parlamentaria un estatuto que le atribuya derecho al tiempo que le permita dedicarse adecuadamente a sus misiones relativas al trabajo parlamentario y a la vida política.

Garantiza a la oposición, en particular, los siguientes derechos:

- libertad de opinión, de expresión y de reunión;
- tiempo de antena en los medios públicos, proporcional a su representatividad;
- beneficio de financiación pública, conforme a las disposiciones de la ley;
- participación efectiva en el procedimiento legislativo, en especial por la inclusión de las proposiciones de ley en el orden del día de las dos cámaras del Parlamento;
- participación efectiva en el control del trabajo gubernamental, en especial a través de las mociones de censura e interpelación del gobierno, de las preguntas orales dirigidas al gobierno y de las comisiones parlamentarias de investigación;
- contribución a la proposición de candidatos a la elección de miembros del Tribunal Constitucional;
- representación apropiada en las actividades internas de las dos cámaras del Parlamento;
- presidencia de la comisión a cargo de la legislación en la cámara de representantes;
- puesta a disposición de los medios apropiados para asumir sus funciones institucionales;
- participación activa en la diplomacia parlamentaria para defender las justas causas de la nación y sus intereses vitales;
- contribución al encuadramiento y a la representación de las ciudadanas y de los ciudadanos a través de los partidos políticos que la forman y esto, conforme a las disposiciones del artículo 7 de esta Constitución.

Los grupos de la oposición deben aportar una contribución activa constructiva al trabajo parlamentario.

Las modalidades de ejercicio, por los grupos de la oposición, de los derechos antecitados, se fijan, según los casos, por leyes orgánicas, leyes ordinarias o por el reglamento parlamentario de cada Cámara.

Artículo 11.

Las elecciones libres, limpias y transparentes, constituyen el fundamento de la legitimidad de la representación democrática.

Los poderes públicos deben observar estricta neutralidad hacia los candidatos y no discriminar entre ellos.

La ley define las reglas que garantizan el acceso equitativo a los medios públicos y el pleno ejercicio de los derechos y libertades fundamentales ligados a las campañas electorales y a las operaciones de voto. Las autoridades encargadas de organizar las elecciones velan por la aplicación de estas reglas.

La ley define las condiciones y las modalidades de observación independiente y neutra de las elecciones, de conformidad con las normas internacionalmente reconocidas.

La ley castiga a toda persona que atente a las disposiciones y reglas de probidad, de sinceridad y de transparencia de las elecciones.

Los poderes públicos ponen en obra las medios necesarios para la promoción de la participación de las ciudadanas y de los ciudadanos en las elecciones.

Artículo 12.

Las asociaciones de la sociedad civil y las organizaciones no gubernamentales se crean y ejercen sus actividades libremente, dentro del respeto de la Constitución y de la ley.

No pueden ser disueltas o suspendidas por los poderes públicos, sino en virtud de una decisión judicial.

Las asociaciones interesadas en los asuntos públicos y las organizaciones no gubernamentales contribuyen, en el marco de la democracia participativa, a la elaboración, la puesta en práctica y la evaluación de las decisiones y proyectos de las instituciones elegidas y de los poderes públicos. Estas instituciones y poderes deben organizar esta contribución conforme a las condiciones y modalidades fijadas por la ley.

La organización y funcionamiento de las asociaciones y organizaciones no gubernamentales deben ser conformes a los principios democráticos.

Artículo 13.

Los poderes públicos actúan para crear instancias de concertación con vistas a asociar a los diferentes actores sociales a la elaboración, puesta en práctica, ejecución y evaluación de las políticas públicas.

Artículo 14.

Las ciudadanas y los ciudadanos disponen, en las condiciones y con las modalidades fijadas por una ley orgánica, del derecho a presentar iniciativas legislativas.

Artículo 15.

Las ciudadanas y los ciudadanos disponen del derecho a presentar peticiones ante los poderes públicos.

Una ley orgánica determina las condiciones y las modalidades de ejercicio de este derecho.

Artículo 16.

El reino de Marruecos actúa para proteger los derechos e intereses legítimos de las ciudadanas y de los ciudadanos marroquíes residentes en el extranjero, con respeto al Derecho internacional y a las leyes en vigor en los países de acogida. Se compromete al mantenimiento y desarrollo de sus vínculos humanos, y culturales especialmente, con el reino, y a la preservación de su identidad nacional.

Vela por el reforzamiento de su contribución al desarrollo de su patria, Marruecos, y al estrechamiento de los vínculos de amistad y de cooperación con los gobiernos y las sociedades de los países donde residen o donde son también ciudadanos.

Artículo 17.

Los marroquíes residentes en el extranjero gozan de derechos de plena ciudadanía, incluido el derecho a ser electores y elegibles. Pueden presentarse como candidatos en las listas y circunscripciones electorales locales, regionales y nacionales. La ley fija las modalidades específicas de elegibilidad y de incompatibilidad. Determina, igualmente, las condiciones y las modalidades de ejercicio efectivo del derecho de voto y de presentarse en una candidatura desde los países de residencia

Artículo 18.

Los poderes públicos actúan para asegurar una participación tan extensa como sea posible de los marroquíes residentes en el extranjeros en las instituciones consultativas y de buen gobierno creadas por la Constitución y por la ley.

TÍTULO II.
LIBERTADES FUNDAMENTALES

Artículo 19.

El hombre y la mujer gozan, en igualdad, de los derechos y libertades de carácter civil, político, económico, social, cultural y medioambiental, enunciados en el presente Título y en las demás disposiciones de la Constitución, así como en los convenios y pactos internacionales debidamente ratificados por Marruecos dentro del respeto de las disposiciones de la Constitución, de las constantes del Reino y de sus leyes.

El Estado actúa para realizar la paridad entre hombres y mujeres.

Se crea, a este efecto, una Autoridad para la paridad y la lucha contra todas las formas de discriminación.

Artículo 20.

El derecho a la vida es el primer derecho humano. La ley protege este derecho.

Artículo 21.

Toda persona tiene derecho a la seguridad de su persona y de sus parientes, y a la protección de sus bienes.

Los poderes públicos aseguran la seguridad de las poblaciones y del territorio nacional, dentro del respeto de las libertades y derechos fundamentales garantizados a todos.

Artículo 22.

No puede atentarse a la integridad física o moral de nadie, en ninguna circunstancia y por no importa quien, sea privado o público.

Nadie puede infligir a otro, bajo el pretexto que sea, tratamientos crueles, inhumanos o degradantes que atenten contra la dignidad humana.

La práctica de la tortura, bajo cualquier forma y por quienquiera, es un crimen castigado por la ley.

Artículo 23.

Nadie puede ser detenido, perseguido o condenado fuera de los casos y formas previstos en la ley.

La detención arbitraria o secreta y la desaparición forzada son crímenes de la mayor gravedad. Exponen a sus autores a las más severas sanciones.

Toda persona detenida debe ser informada inmediatamente, de una forma clara que le sea comprensible de los motivos de su detención y de sus derechos, entre ellos a guardar silencio. Debe beneficiarse, lo más pronto posible, de una asistencia jurídica y de la posibilidad de comunicación con sus parientes, conforme a la ley.

Se garantiza la presunción de inocencia y el derecho a un proceso equitativo.

Toda persona detenida goza de derechos fundamentales y de condiciones de detención humanas. Puede beneficiarse de programas de formación y de reinserción.

Se proscribe toda incitación al racismo, al odio y a la violencia.

El genocidio y los demás crímenes contra la humanidad, los crímenes de guerra y todas las violaciones graves y sistemáticas de derechos humanos están castigados por la ley.

Artículo 24.

Toda persona tiene derecho a la protección de su vida privada.

El domicilio es inviolable. Los registros sólo pueden tener lugar en las condiciones y formas previstas por la ley.

Las comunicaciones privadas, bajo cualquier forma que sean, son secretas. Sólo los tribunales pueden autorizar, en las condiciones y formas previstas por la ley, el acceso a su contenido, su divulgación total o parcial o su invocación como prueba de cargo.

Se garantiza a todos la libertad de circulación y de establecimiento sobre el territorio nacional, de salir de él y de volver, conforme con la ley.

Artículo 25.

Se garantizan las libertades de pensamiento, opinión y expresión bajo todas sus formas.

Se garantizan las libertades de creación, de publicación y de exposición en materia literaria y artística y de investigación científica y técnica.

Artículo 26.

Los poderes públicos aportan, por los medios apropiados, su apoyo al desarrollo de la creación cultural y artística, y de la investigación científica y técnica, así como a la promoción del deporte. Favorecen el desarrollo y la organización de estos sectores de manera independiente y sobre bases democráticas y profesionales precisas.

Artículo 27.

Las ciudadanas y los ciudadanos tienen derecho a acceder a la información poseída por la administración pública, las instituciones electas y los organismos investidos de la misión de servicio público.

El derecho a la información sólo puede limitarse por ley, con el objetivo de asegurar la protección de todo lo que afecte a la defensa nacional, la seguridad interior y exterior del Estado, y la vida privada de las personas, prevenir la lesión de las libertades y derechos fundamentales enunciados en esta Constitución y proteger las fuentes de las informaciones y los aspectos determinados con precisión por la ley.

Artículo 28.

Se garantiza la libertad de prensa, que no puede limitarse por ninguna forma de censura previa.

Todos tienen el derecho de expresar y difundir libremente y con los únicos límites expresamente previstos por la ley, informaciones, ideas y opiniones.

Los poderes públicos favorecen la organización del sector de la prensa de manera independiente y sobre bases democráticas, así como la determinación de las reglas jurídicas y deontológicas que le afectan.

La ley fija las reglas de organización y de control de los medios públicos de comunicación. Garantiza el acceso a estos medios con respeto del pluralismo lingüístico, cultural y político de la sociedad marroquí.

Conforme a las disposiciones del artículo 165 de esta Constitución, la Alta autoridad de la comunicación audiovisual vela por el respeto del pluralismo.

Artículo 29.

Se garantizan las libertades de reunión, concentración , manifestación pacífica, de asociación y de afiliación sindical y política. La ley fija las condiciones de ejercicio de estas libertades.

Se garantiza el derecho de huelga. Una ley fija las condiciones y las modalidades de su ejercicio.

Artículo 30.

Son electores y elegibles todas las ciudadanas y ciudadanos mayores de edad que gocen de sus derechos civiles y políticos. La ley prevé las disposiciones susceptibles de favorecer el igual acceso de mujeres y hombres a las funciones electivas.

El voto es un derecho personal y un deber nacional.

Los ciudadanos extranjeros gozan de las libertades fundamentales reconocidas a las ciudadanas y ciudadanos marroquíes, conforme a la ley.

Aquellos que residan en Marruecos pueden participar en las elecciones locales en virtud de la ley, de la aplicación de los convenios internacionales o de prácticas de reciprocidad.

La ley define las condiciones de extradición y de otorgamiento del derecho de asilo.

Artículo 31.

El Estado, los organismos públicos y las colectividades territoriales actúan para movilizar todos los medios disponibles para facilitar el igual acceso de las ciudadanas y de los ciudadanos a las condiciones que les permitan ejercer el derecho a:

- los cuidados sanitarios;
- la protección social, la cobertura médica y la solidaridad mutualista u organizada por el Estado;
- una educación moderna, accesible y de calidad;
- la educación sobre el compromiso con la identidad marroquí y las constantes nacionales inamovibles;
- la formación profesional y la educación física y artística;

- un alojamiento decente;
- el trabajo y el apoyo de los poderes públicos en materia de búsqueda de empleo y de autoempleo;
- el acceso a las funciones públicas según el mérito;
- el acceso al agua y a un medio ambiente sano;
- el desarrollo sostenible.

Artículo 32.

La familia, fundada sobre el vínculo legal del matrimonio es la célula básica de la sociedad.

El Estado actúa para garantizar, por medio de la ley, la protección de la familia sobre los planos jurídico, social y económico, de modo que pueda garantizar su unidad, estabilidad y preservación.

Asegura una igual protección jurídica y una igual consideración social y moral a todos los niños, independientemente de su situación familiar.

La educación básica es un derecho del niño y una obligación de la familia y del Estado.

Se crea un Consejo consultativo de la familia y de la infancia.

Artículo 33.

Incumbe a los poderes públicos tomar todas las medidas apropiadas para:

- extender y generalizar la participación de la juventud en el desarrollo social, económico, cultural y político del país;
- ayudar a los jóvenes a insertarse en la vida activa y asociativa y a prestar asistencia a aquellos con dificultad de adaptación escolar, social o profesional;
- facilitar el acceso de los jóvenes a la cultura, la ciencia, la tecnología, el arte, el deporte y el ocio, creando las condiciones propicias para el

pleno despliegue de su potencial creativo e innovador en todos estos aspectos.

Se crea a este efecto un Consejo consultativo de la juventud y de la acción asociativa.

Artículo 34.

Los poderes públicos elaboran y ponen en práctica políticas destinadas a las personas y a las categorías con necesidades específicas. A este efecto, velan, en particular, por:

- tratar y prevenir la vulnerabilidad de ciertas categorías de mujeres y de madres, de niños y de ancianos;
- rehabilitar e integrar en la vida social y civil a los minusválidos físicos sensomotores y mentales, y facilitar su disfrute de los derechos y libertades reconocidos a todos.

Artículo 35.

Se garantiza el derecho de propiedad.

La ley puede limitar su extensión y ejercicio si las exigencias del desarrollo económico y social del país lo precisan. Sólo puede procederse a la expropiación en los casos y formas previstos por la ley.

El Estado garantiza la libertad de empresa y la libre competencia. Actúa para realizar un desarrollo humano sostenible que permita la consolidación de la justicia social y la preservación de los recursos naturales nacionales y los derechos de las generaciones futuras.

El Estado vela para garantizar la igualdad de oportunidades para todos y una protección específica para todas las categorías sociales desfavorecidas.

Artículo 36.

La ley sanciona las infracciones relativas a conflictos de intereses, información privilegiada y todas las demás infracciones de tipo financiero.

Los poderes públicos deben prevenir y reprimir, conforme a la ley, cualquier forma de delincuencia ligada a la actividad de las administraciones y de los organismos públicos, al uso de los fondos de los que dispongan, así como a la contratación y a la gestión de los mercados públicos.

La ley sanciona el tráfico de influencias y de privilegios, el abuso de posición dominante y el monopolio, y todas las demás prácticas contrarias a los principios de la libre y leal competencia en las relaciones económicas.

Se crea una Instancia nacional de probidad, de prevención y de lucha contra la corrupción.

Artículo 37.

Todas las ciudadanas y ciudadanos deben respetar la Constitución y conformarse con la ley. Deben ejercer los derechos y libertades garantizados por la Constitución con un espíritu de responsabilidad y de ciudadanía comprometida, donde el ejercicio de los derechos se hace en correlación con el cumplimiento de los deberes.

Artículo 38.

Todas las ciudadanas y ciudadanos contribuyen a la defensa de la patria y de su integridad territorial contra toda agresión o amenaza.

Artículo 39.

Todos sostienen, en proporción a sus facultades contributivas, las cargas públicas que sólo la ley puede crear y repartir en las formas previstas en la Constitución.

Artículo 40.

Todos sostienen solidaria y proporcionalmente a sus medios, las cargas que requiere el desarrollo del país, y aquellas resultantes de las calamidades y las catástrofes naturales.

TÍTULO III.
LA CORONA

Artículo 41.

El Rey, Príncipe de los creyentes (*Amir Al Mu-minín*), vela por el respeto del islam. Garantiza el libre ejercicio de cultos. Preside el Consejo Superior de los Ulemas[285], encargado de estudiar las cuestiones que se le sometan. El Consejo es la única instancia habilitada para pronunciar dictámenes religiosos (Fatwas[286]) aprobados oficialmente, sobre las cuestiones que se le sometan y ello sobre la base de los principios, preceptos y designios tolerantes del islam. Las atribuciones, la composición y las modalidades de funcionamiento del Consejo serán fijadas por dahir.

El Rey ejerce por dahir las prerrogativas religiosas inherentes a la institución del Principado sobre los creyentes (*Imarat Al Mu-minín*) que le son conferidas de manera exclusiva por este artículo.

Artículo 42.

El Rey, Jefe del Estado y su representante supremo, símbolo de la unidad de la nación, garante de la perennidad y de la continuidad del Estado y árbitro supremo entre las instituciones, vela por el respeto de la Constitución, el buen funcionamiento de las instituciones constitucionales, la protección de la opción por la democracia y de los derechos y libertades de las ciudadanas y de los ciudadanos, de las colectividades, y por el respeto de los compromisos internacionales del reino.

Es el garante de la independencia del reino y de su integridad territorial en sus fronteras auténticas.

---

285 La edición francesa habla de "Oulémas", pero la versión árabe se refiere al "Consejo científico supremo". En cualquier caso "Ulemas" no es palabra árabe pues el plural de "aalim" (sabio) es "ulamá".

286 La edición francesa habla de "Fatwas" pese a que el plural árabe del singular "*fatwa*" es "*fataua*". Respetamos la palabra "fatwas" pues, aunque es incorrecta en árabe se ha popularizado en Europa como plural de "fatwa".

El rey cumple estas misiones por medio de los poderes que le son expresamente conferidos por la presente Constitución y que ejerce por dahir.

Los dahires[287], a excepción de aquellos previstos en los artículos 41, 44.2, 47.1 y 6, 51, 59, 130.1 y 174 están refrendados por el Jefe del Gobierno.

Artículo 43.

La Corona de Marruecos y sus derechos constitucionales son hereditarios y se transmiten de padre a hijo a los descendientes varones por línea directa y por orden de primogenitura de SU MAJESTAD MOHAMED VI[288], a menos que el rey designe, en vida, a un sucesor entre sus hijos distinto del primogénito. Cuando no haya descendientes directos en la línea directa, la sucesión en el Trono corresponde a la línea colateral masculina más próxima en las mismas condiciones.

Artículo 44.

El rey es menor de edad hasta los dieciocho años cumplidos. Durante su minoría de edad, un Consejo de Regencia ejerce los poderes y los derechos constitucionales de la Corona, salvo aquellos relativos a la revisión de la Constitución. El Consejo de Regencia funcionará como órgano consultivo ante el rey hasta el día en que cumpla los veinte años.

El Consejo de Regencia está presidido por el Presidente del Tribunal Constitucional. Se compone, además, por el Jefe del Gobierno, el Presidente de la Cámara de representantes, el presidente de la Cámara de consejeros, el presidente-delegado del Consejo Superior del Poder Judicial, el Secretario General del Consejo Superior de los Ulemas, y de diez personalidades designados por el rey *intuitu personae*.[289]

---

[287] Como sucede con "fatwas", la edición francesa habla de "dahirs", pese a que el plural árabe del singular "dahir" es "daha-ir". También en este caso se ha popularizado en Europa el incorrecto "dahires", razón por la cual lo utilizamos aquí.

[288] En mayúsculas en el original francés, pero no en el original árabe porque esta lengua no distingue entre letras minúsculas y mayúsculas.

[289] La expresión latina se utiliza en la versión oficial francesa. No así en la versión árabe que traduce la expresión a esa lengua.

Las reglas de funcionamiento del Consejo de Regencia se fijan por una ley orgánica.

Artículo 45.

El rey dispone en los Presupuestos del Estado una dotación para el sostenimiento de la Corona.

Artículo 46.

La persona del rey es inviolable y se le debe respeto.

Artículo 47.

El rey nombra al Jefe del Gobierno de entre el seno del partido político ganador de las elecciones a la Cámara de representantes, a la vista de sus resultados.

A propuesta del Jefe del Gobierno, nombra los miembros del gobierno.

El rey puede, por propia iniciativa y tras consultar con el Jefe del Gobierno, poner fin a las funciones de uno o varios de los miembros del gobierno.

El Jefe del Gobierno puede pedir al rey que ponga fin a las funciones de uno o varios de los miembros del Gobierno.

El Jefe del Gobierno puede pedir al rey que ponga fin a las funciones de uno o varios de los miembros del Gobierno por causa de su dimisión individual o colectiva.

Tras la dimisión del Jefe del Gobierno, el rey pone fin a las funciones de todo el Gobierno.

El Gobierno al que se ha puesto fin a sus funciones, despacha los asuntos corrientes hasta la constitución de un nuevo gobierno.

Artículo 48.

El rey preside el Consejo de ministros, compuesto por el Jefe del Gobierno y de los ministros.

El Consejo de Ministros se reúne a iniciativa del rey o a petición del Jefe del Gobierno.

El rey puede, sobre la base de un orden del día determinado, delegar en el Jefe del Gobierno la presidencia del Consejo de Ministros.

Artículo 49.

El Consejo de Ministros delibera sobre las cuestiones y textos siguientes:

- las orientaciones estratégicas de la política del Estado;
- los proyectos de revisión de la Constitución;
- los proyectos de ley orgánica;
- las orientaciones generales del proyecto de ley de presupuestos;
- los proyectos de ley-marco contemplados en el artículo 71.2 de la presente Constitución;
- el proyecto de ley de amnistía;
- los proyectos de leyes relativos a la materia militar;
- la declaración del estado de sitio;
- la declaración de guerra;
- el proyecto de decreto contemplado en el artículo 104 de la presente Constitución;
- El nombramiento, a propuesta del Jefe del Gobierno, y a iniciativa del ministro afectado, de los empleos civiles siguientes: director del Banco de Marruecos, embajador, prefecto y gobernador, responsables de las administraciones encargadas de la seguridad interior, así como de los responsables de los organismos y empresas públicas estratégicas. Una ley orgánica precisa la lista de estos organismos y empresas estratégicas.

Artículo 50.

El rey promulga la ley en los treinta días siguientes a la transmisión al gobierno de la ley definitivamente adoptada.

La ley así promulgada debe ser objeto de publicación en el "Boletín Oficial" del Reino en un plazo que no exceda de un mes a contar de la fecha del dahir de su promulgación.

Artículo 51.

El rey puede disolver, por dahir, las dos Cámaras del Parlamento o una de ellas en las condiciones previstas en los artículos 96, 97 y 98.

Artículo 52.

El rey puede emitir mensajes a la nación y al parlamento. Los mensajes son leídos ante una y otra Cámara y no pueden ser objeto de debate.

Artículo 53.

El rey es el jefe supremo de las fuerzas armadas reales. Nombra los empleos militares y puede delegar este derecho.

Artículo 54.

Se crea un Consejo Superior de Seguridad, en tanto que instancia de concertación sobre las estrategias de seguridad interior y exterior del país, y de gestión de las situaciones de crisis, que vela igualmente por la institucionalización de las normas de un buen gobierno securitario.

El rey preside este Consejo y puede delegar en el Jefe del Gobierno la presidencia de una reunión de este del Consejo sobre la base de un orden del día determinado.

El Consejo Superior de Seguridad comprende, además del Jefe del Gobierno, el presidente de la Cámara de representantes, el presidente de la Cámara de consejeros, el presidente-delegado del Consejo Superior del Poder Judicial, los ministros de las carteras de Interior, Asuntos Exteriores, Justicia y de administración de la defensa nacional, así como los responsables de las administraciones competentes en materias securitarias, de oficiales de las Fuerzas

Armadas Reales y de cualquier otra personalidad cuya presencia sea útil para los trabajos de dicho Consejo.

El reglamento interior del Consejo fija las reglas de su organización y de su funcionamiento.

Artículo 55.

El rey acredita los embajadores ante las potencias extranjeras y los organismos internacionales. Los embajadores y los representantes de los organismos internacionales se acreditan ante él.

Firma y ratifica los tratados. No obstante, los tratados de paz o de unión, o aquellos relativos a la delimitación de las fronteras, los tratados de comercio y aquellos que comprometan las finanzas del Estado cuya aplicación precise de medidas legislativas, así como los tratados relativos a los derechos y libertades individuales o colectivas de las ciudadanas y de los ciudadanos, no pueden ser ratificados sino después de haber sido previamente aprobados por la ley.

El rey puede someter al Parlamento cualquier otro tratado antes de su ratificación.

Si el Tribunal Constitucional, requerido por el rey o por el Jefe del Gobierno o el presidente de la Cámara de representantes o el presidente de la Cámara de consejeros, o la sexta parte de los miembros de la primera Cámara o la cuarta parte de los miembros de la segunda Cámara, declaran que un compromiso internacional contiene una disposición contraria a la Constitución, su ratificación sólo puede realizarse tras la revisión de la Constitución.

Artículo 56.

El rey preside el Consejo Superior del Poder Judicial.

Artículo 57.

El rey aprueba por dahir el nombramiento de los magistrados por el Consejo Superior del Poder Judicial.

Artículo 58.

El rey ejerce el derecho de gracia.

Artículo 59.

Cuando la integridad del territorio nacional esté amenazada o se produzcan sucesos que obstaculicen el funcionamiento regular de las instituciones constitucionales, el rey puede, tras haber consultado con el Jefe del Gobierno, el presidente de la Cámara de representantes, el presidente de la Cámara de consejeros, así como el presidente del Tribunal Constitucional, y tras haber dirigido un mensaje a la nación, proclamar por dahir el estado de excepción. En virtud del mismo el rey está habilitado para tomar las medidas que impongan la defensa de la integridad territorial y el retorno, en el plazo más corto, al funcionamiento normal de las instituciones constitucionales.

El Parlamento no puede ser disuelto durante el ejercicio de poderes de excepción.

Las libertades y derechos fundamentales previstos por la Constitución continúan garantizados.

Se pone fin al estado de excepción de la misma forma en que se proclamó, una vez que las condiciones que lo han justificado dejen de existir.

TÍTULO IV.

EL PODER LEGISLATIVO

La organización del Parlamento

Artículo 60.

El Parlamento se compone de dos Cámaras, la Cámara de representantes y la Cámara de consejeros. Sus miembros obtienen su mandato de la nación. Su derecho de voto es personal y no puede ser delegado.

La oposición es un componente esencial de las dos Cámaras. Participa en las funciones de legislación y control tal y como están previstas especialmente en este Título.

Artículo 61.

Todo miembro de una de las dos Cámaras que renuncie a la formación política por la que fue nombrado candidato a las elecciones o al grupo parlamentario al que pertenezca, queda desprovisto de su mandato.

El Tribunal Constitucional, requerido por el presidente de la Cámara afectada, declara la vacante del escaño conforme a las disposiciones del reglamento interior de la Cámara afectada, que fija igualmente los plazos y el procedimiento de este requerimiento al Tribunal Constitucional.

Artículo 62.

Los miembros de la Cámara de representantes son elegidos para un período de cinco años por medio de sufragio universal directo. La legislatura concluye al iniciarse el período de sesiones de octubre del quinto año posterior a la elección de la Cámara.

Una ley orgánica fija el número de representantes, el régimen electoral, los principios para determinar la distribución de escaños por distritos electorales, las condiciones de elegibilidad, los casos de incompatibilidad, las reglas de limitación de la acumulación de mandatos y la organización del contencioso electoral.

Al comienzo de la legislatura se elige al Presidente de la Cámara de representantes y a los miembros de la Mesa, así como a los presidentes de las Comisiones permanentes y sus Mesas, y nuevamente se procede a elegirlos en el tercer año de la legislatura, durante el período de sesiones de abril para el período restante de la legislatura.

La elección de los miembros de la Mesa tiene lugar con representación proporcional de los grupos parlamentarios.

Artículo 63.

La Cámara de consejeros comprende un mínimo de 90 y un máximo de 120 miembros, elegidos por sufragio universal indirecto para un período de seis años, según el reparto siguiente:

- tres quintos de los miembros representan a las colectividades territoriales. Este número se reparte entre las regiones del Reino, en proporción a sus poblaciones respectivas y observando una equidad entre las regiones. El tercio reservado a la región se elige en cada región por el Consejo regional entre sus miembros. Los dos tercios restantes son elegidos por un colegio electoral compuesto en cada región por los miembros de los ayuntamientos y de los consejos prefectorales y provinciales.
- dos quintos de los miembros son elegidos en cada región por colegios electorales compuestos de electos de las cámaras profesionales y de las organizaciones profesionales de empleadores más representativas, y de miembros elegidos a escala regional por un colegio electoral compuesto por representantes de los asalariados.

Una ley orgánica fija el número de miembros de la Cámara de consejeros y su régimen electoral, el número de aquellos que deben elegirse por cada uno de los colegios electorales, el reparto de escaños por región, la condiciones de elegibilidad y los casos de incompatibilidad, las reglas de limitación de la acumulación de mandatos, así como la organización del contencioso electoral.

Al comienzo a la mitad de la legislatura se elige al presidente de la Cámara de consejeros y a los miembros de la Mesa, así como a los presidentes de las Comisiones permanentes y a sus Mesas.

La elección de los miembros de la Mesa tiene lugar con representación proporcional de los grupos parlamentarios.

Artículo 64.

Ningún miembro del Parlamento puede ser perseguido, investigado, detenido o juzgado por una opinión o un voto emitido en el ejercicio de sus funciones, fuera del caso en el que la opinión expresada ponga en cuestión la forma monárquica del Estado o la religión musulmana o sea una falta de respeto al rey.

Artículo 65.

El Parlamento se reúne en dos períodos de sesiones al año. El rey preside la apertura de la primera sesión, que comienza el segundo viernes de octubre. La segunda sesión se abre el segundo viernes de abril.

Cuando el Parlamento se ha reunido al menos durante cuatro meses, se puede clausurar mediante decreto el período de sesiones.

Artículo 66.

El Parlamento puede reunirse en sesión extraordinaria, sea por decreto, sea por demanda de un tercio de los miembros de la Cámara de representantes o de la mayoría de los de la Cámara de consejeros

Las sesiones extraordinarias del Parlamento se convocan sobre la base de un orden del día determinado. Cuando el mismo ha sido tratado, la sesión se clausura por decreto.

Artículo 67.

Los ministros pueden acceder a cada Cámara y a sus comisiones. Pueden ser asistidos por comisarios designados por ellos.

Además de las comisiones permanentes mencionadas en el párrafo precedente, a iniciativa del rey o por demanda de un tercio de los miembros de la Cámara de representantes o un tercio de miembros de la Cámara de consejeros se pueden crear el seno de cada una de las dos Cámaras, comisiones de investigación formadas para recoger informaciones sobre hechos determinados o sobre la gestión de los servicios, empresas u organismos públicos y someter sus conclusiones a la Cámara respectiva.

No se pueden crear comisiones de investigación cuando los hechos han dado lugar a investigaciones judiciales que aún están en curso. Si una comisión ha sido ya creada, su misión concluye desde que se abre un proceso judicial relativo a los hechos que han motivado su creación.

Las comisiones de investigación tienen un carácter provisional. Su misión concluye con la presentación de su informe ante la Mesa de la Cámara correspondiente y, si es el caso, con el requerimiento a los tribunales por el presidente de la Cámara.

Una ley orgánica fija las modalidades de funcionamiento de estas comisiones.

Artículo 68.

Los períodos de sesiones de las Cámaras del Parlamento son públicos. Las actas de los debates se publican en el "Boletín oficial" del Parlamento.

Cada Cámara puede reunirse en sesión secreta a petición del Jefe del gobierno o de un tercio de sus miembros.

Las reuniones de las Comisiones del Parlamento son secretas. Los reglamentos interiores de las dos Cámaras de Parlamento fijan los casos y las reglas que permitan la celebración por esta Comisiones de sesiones públicas.

El Parlamento celebra sesiones conjuntas de ambas Cámaras, en especial, en los casos siguientes:

- Apertura por el rey del período de sesiones, el segundo viernes de octubre y presentación de mensajes reales dirigidos al Parlamento;
- Adopción de la reforma de la Constitución, conforme a las disposiciones del artículo 174;
- Declaraciones del Jefe del gobierno;
- Presentación del proyecto de ley de presupuestos anuales;
- Discursos de los Jefes del Estado y de gobierno extranjeros.

El Jefe del Gobierno puede igualmente pedir al presidente de la Cámara de representantes y al presidente de la Cámara de consejeros la celebración de sesiones conjuntas de ambas Cámaras para la presentación de informaciones sobre asuntos que revistan un carácter nacional importante.

Las sesiones conjuntas se celebran bajo la presidencia del presidente de la Cámara de representantes. Los reglamentos de ambas Cámaras determinan las modalidades y las reglas de celebración de estas sesiones.

Además de las sesiones conjuntas, las Comisiones permanentes del Parlamento pueden celebrar sesiones conjuntas para escuchar informaciones sobre asuntos que revistan un carácter nacional importante y ello, conforme a las reglas fijadas por los reglamentos de las Cámaras.

Artículo 69.

Cada Cámara aprueba y vota su reglamento. Sin embargo, sólo podrá aplicarse después de que el Tribunal Constitucional lo haya declarado conforme con las disposiciones de la presente Constitución.

Al elaborar su respectivo reglamento las dos Cámaras del Parlamento deben tomar en consideración los imperativos de su armonización y de su complementariedad de forma que se pueda garantizar la eficacia del trabajo parlamentario.

El reglamento fija, en especial:

- las reglas de composición, funcionamiento y pertenencia a los grupos parlamentarios y los derechos específicos de los grupos de la oposición;
- la obligación de participación efectiva de los miembros en los trabajos de las comisiones y de las sesiones plenarias, incluidas las sanciones aplicables en casos de absentismo;
- el número, competencias y organización de las Comisiones permanentes, reservando la presidencia de al menos una o dos de ellas a la oposición, sin perjuicio de lo dispuesto en el artículo 10 de esta Constitución.

Los poderes del Parlamento

Artículo 70.

El Parlamento ejerce el poder legislativo.

Aprueba las leyes, controla la acción del gobierno y evalúa las políticas públicas.

Una ley de habilitación puede autorizar al gobierno, durante un plazo de tiempo limitado y para un objetivo determinado, a tomar por decreto las medidas que normalmente son de reserva de ley. Los decretos entran en vigor desde la fecha de su publicación, pero deben ser sometidos, al término del plazo fijado por la ley de habilitación, a la ratificación por el Parlamento. La ley de habilitación caduca en caso de disolución de una o de ambas Cámaras del Parlamento.

Artículo 71.

Son de reserva de ley, además de las materias expresamente atribuidas en otros artículos de la Constitución:

- las libertades y derechos fundamentales previstos en el Preámbulo y en otros artículos de esta Constitución;
- el estatuto de la familia y del estado civil;
- los principios y reglas del sistema de salud;
- el régimen de los medios audiovisuales y de la prensa bajo cualquier forma;
- la amnistía;
- la nacionalidad y la extranjería;
- la determinación de las infracciones y de las penas que les son aplicables;
- la organización judicial y la creación de nuevas categorías de jurisdicciones;
- el procedimiento civil y el penal;
- el régimen penitenciario;
- el estatuto general de la función pública;
- las garantías fundamentales otorgadas a los funcionarios civiles y militares;

- el estatuto de los servicios y fuerzas de mantenimiento del orden;
- el régimen de las colectividades territoriales y los principios de delimitación de su ámbito territorial;
- el régimen electoral de las colectividades territoriales y los principios de diseño de los distritos electorales;
- el régimen fiscal y la base imponible, los tipos impositivos y las modalidades de cobro de los impuestos;
- el régimen jurídico de la emisión de moneda y el estatuto del banco central;
- el régimen de aduanas;
- el régimen de las obligaciones civiles y mercantiles, el Derecho de sociedades y de cooperativas;
- los derechos reales y los regímenes de propiedades inmobiliarias pública, privada o colectiva;
- el régimen de los transportes;
- las relaciones de trabajo, la seguridad social, los accidentes de trabajo y las enfermedades profesionales;
- el régimen de los bancos, de las sociedades de seguros y de las mutualidades;
- el régimen de las tecnologías de la información y de la comunicación;
- el urbanismo y la ordenación del territorio;
- el régimen de las aguas y los bosques y de la pesca;
- la determinación de las orientaciones y de la organización general de la enseñanza, de la investigación científica y de la formación profesional;
- la creación de organismos públicos y de cualquier otra persona jurídica de derecho público;
- la nacionalización de empresas y el régimen de las privatizaciones.

Además de las materias contempladas en el párrafo precedente el Parlamento está habilitado para votar leyes-marco relativas a los objetivos fundamentales de la actividad económica, social, medioambiental y cultural del Estado.

Artículo 72.

Las materias no citadas en el artículo anterior son de reserva de reglamento administrativo.

Artículo 73.

Los textos aprobados en forma legislativa pueden modificarse por decreto, después de un dictamen favorable del Tribunal Constitucional, cuando han regulado una materia atribuida al ejercicio de la potestad reglamentaria.

Artículo 74.

El estado de sitio puede ser declarado por dahir, refrendado por el Jefe del gobierno por una duración de treinta días. Ese plazo sólo puede prorrogarse por la ley.

Artículo 75.

El Parlamento aprueba la ley de presupuestos, que se tramitará prioritariamente por la Cámara de representantes en las condiciones previstas por una ley orgánica. Ésta determina la naturaleza de las informaciones, documentos y datos necesarios para enriquecer los debates parlamentarios sobre el proyecto de ley de presupuestos.

El Parlamento aprueba una sola vez los gastos de inversión necesarios, en materia de desarrollo, para la realización de los planes de desarrollo estratégicos y los programas plurianuales, establecidos por el gobierno que informa de ello al Parlamento. Los gastos aprobados de este modo son reconducidos automáticamente durante la duración de estos planes y programas. Sólo el gobierno está habilitado para presentar proyectos de ley tendentes a modificar los gastos aprobados en el marco precitado.

Si, al fin del año presupuestario, la ley de presupuestos no ha sido aprobada o promulgada por haber sido recurrida ante el Tribunal Constitucional en aplicación del artículo 132 de esta Constitución, el gobierno otorga, por decreto, los créditos necesarios para el funcionamiento de los servicios públicos y el ejercicio de su misión, en función de las iniciativas presupuestarias pendientes de aprobación.

En este caso, los ingresos continúan siendo percibidos conforme a las disposiciones legislativas y reglamentarias en vigor que les afecten, a excepción de los ingresos cuya supresión haya sido propuesta en el proyecto de ley de presupuestos. En cuanto a aquellos para los que dicho proyecto prevea una disminución de tipos impositivos, se percibirán según el nuevo tipo propuesto.

Artículo 76.

El gobierno somete anualmente al Parlamento una ley de regulación de la ley de presupuestos durante el segundo ejercicio que siga a aquel de la ejecución de dicha ley de presupuestos. Esta ley incluye el balance del presupuesto de inversiones cuya duración ha llegado a término.

Artículo 77.

El Parlamento y el Gobierno velan por la preservación del equilibrio presupuestario del Estado.

El Gobierno puede oponerse, de manera motivada, a la admisión de toda proposición o enmienda formuladas por los parlamentarios cuando su adopción tenga por consecuencia, en relación a la ley de presupuestos, sea una disminución de los recursos públicos, sea la creación o agravación de una carga pública.

El ejercicio de poder legislativo

Artículo 78.

La iniciativa legislativa corresponde tanto al Jefe del Gobierno como a los miembros del Parlamento.

Los proyectos de ley se tramitan con prioridad por la Mesa de la Cámara de representantes. En todo caso, los proyectos de ley relativos en especial a las colectividades territoriales, al desarrollo regional y a los asuntos sociales se tramitan con prioridad por la Mesa de la Cámara de consejeros.

Artículo 79.

El Gobierno puede oponerse a la admisión de cualquier proposición o enmienda que no sea de reserva de ley.

En caso de desacuerdo, el Tribunal Constitucional decide, en un plazo de ocho días, a petición del Presidente de una u otra de las Cámaras de Parlamento o del Jefe del Gobierno.

Artículo 80.

Los proyectos y proposiciones de ley se someten a las Comisiones para su examen, cuya actividad se prolonga entre los períodos de sesiones.

Artículo 81.

El Gobierno puede adoptar, entre los períodos de sesiones, con el acuerdo de las Comisiones afectadas de las dos Cámaras, decretos-leyes que deben ser sometidos a la ratificación del Parlamento en el siguiente período de sesiones.

El proyecto de decreto ley se presenta ante la Mesa de la Cámara de representantes. Se examina después por las Comisiones afectadas de las dos Cámaras para llegar a una decisión común en un plazo de seis días. A falta de este acuerdo, la decisión se adopta por la Comisión correspondiente de la Cámara de representantes.

Artículo 82.

El orden del día de cada Cámara se establece por su Mesa. Incluye los proyectos de ley y las proposiciones de ley por orden de prioridad y en el orden que el gobierno ha fijado.

Cada mes se reserva una jornada al examen de las proposiciones de ley y entre ellas las de la oposición.

Artículo 83.

Los miembros de cada Cámara del parlamento y el gobierno tienen derecho a presentar enmiendas. Tras la apertura del debate, el gobierno puede oponerse al examen de cualquier enmienda que no haya sido anteriormente sometida a la comisión interesada.

Si el gobierno lo pide, la Cámara requerida para discutir el texto, se pronuncia en única votación sobre todo o parte de éste, manteniendo sólo las enmiendas propuestas o aceptadas por el gobierno. La Cámara afectada puede oponerse al procedimiento por mayoría de sus miembros.

Artículo 84.

Todo proyecto o proposición de ley es examinado sucesivamente por las dos Cámaras del Parlamento para llegar a la adopción de un texto único. La Cámara de representantes tiene la prioridad en la deliberación sucesiva de los proyectos y proposiciones de ley presentadas por sus miembros; la Cámara de consejeros tiene prioridad en la deliberación sucesiva de los proyectos y proposiciones de ley presentadas por sus miembros. La Cámara que estudia un texto aprobado por la otra Cámara, delibera sobre el mismo tal y como ha sido transmitido.

La Cámara de representantes adopta en última instancia el texto examinado. La votación sólo puede tener lugar cuando la mayoría absoluta de los miembros está presente, si se trata de un texto que afecta a las colectividades territoriales o a materias relacionada con el desarrollo regional o a asuntos sociales.

Artículo 85.

Los proyectos y proposiciones de leyes orgánicas sólo se someten a la deliberación de la Cámara de representantes después de un plazo de diez días tras su adopción por la Mesa de la Cámara y siguiendo el mismo procedimiento previsto en el artículo 84. Se aprueban definitivamente por la mayoría absoluta de los miembros presentes en la Cámara. Sin embargo, cuando se trate de un proyecto o proposición de ley orgánica relativo a la Cámara de consejeros o que afecte a las colectividades territoriales, la votación requiere la mayoría simple de los miembros de la Cámara de representantes.

Las leyes orgánicas relativas a la Cámara de consejeros deben ser votadas en los mismos términos por las dos Cámaras del Parlamento.

Las leyes orgánicas sólo pueden promulgarse después de que el Tribunal Constitucional se haya pronunciado sobre su conformidad con la Constitución.

Artículo 86.

Los proyectos de leyes orgánicas previstos en la presente Constitución deben ser sometidos a su aprobación por el Parlamento en un plazo que no exceda la duración de la primera legislatura siguiente a la promulgación de dicha Constitución.

TÍTULO V.

EL PODER EJECUTIVO

Artículo 87.

El Gobierno se compone del Jefe de Gobierno y de los ministros y puede incluir también a los Secretarios de Estado.

Una ley orgánica define, en particular, las reglas relativas a la organización y desarrollo de los trabajos del gobierno y al estatuto de sus miembros.

Determina igualmente los casos de incompatibilidad, las reglas relativas a la limitación y acumulación de cargos, así como aquellas relativas al despacho de los asuntos corrientes por el Gobierno que haya cesado en sus funciones.

Artículo 88.

Tras la designación de los miembros del Gobierno por el rey, el Jefe del Gobierno presenta y expone ante las dos Cámaras del Parlamento en sesión conjunta, el programa que pretende aplicar. Este programa debe despejar las líneas directrices de la acción que el gobierno pretende realizar en los diversos sectores de la actividad nacional y, en especial, en los ámbitos de la política económica, social, medioambiental, cultural y exterior.

Este programa es objeto de un debate ante cada una de las dos Cámaras. El debate es seguido de una votación en la Cámara de representantes.

El Gobierno es investido después de haber obtenido la confianza de la Cámara de representantes, expresada por una votación a favor del programa de gobierno por la mayoría absoluta de los miembros de la misma.

Artículo 89.

El Gobierno ejerce el poder ejecutivo.

Bajo la autoridad del Jefe de Gobierno, el gobierno pone en obra su programa gubernamental, asegura la ejecución de las leyes, dirige la Administración y supervisa los organismos y empresas públicas y asegura su tutela sobre ellos.

Artículo 90.

El Jefe de Gobierno ejerce el poder reglamentario y puede delegar ciertos de sus poderes a los ministros.

Los actos reglamentarios del Jefe del Gobierno son refrendados por los ministros encargados de su ejecución.

Artículo 91.

El Jefe del Gobierno nombra a los empleados públicos de las administraciones públicas y los altos cargos de los organismos y empresas públicas, sin perjuicio de lo dispuesto en el artículo 49 de esta Constitución.

Puede delegar este poder.

Artículo 92.

Bajo la presidencia del Jefe del Gobierno, el Consejo de Gobierno delibera sobre las cuestiones y textos siguientes:

- la política general del Estado antes de su presentación ante el Consejo de Ministros;
- las políticas públicas;
- las políticas sectoriales;
- comprometer la responsabilidad del Gobierno ante la Cámara de representantes;
- cuestiones de actualidad ligadas a los derechos humanos y al orden público;
- los proyectos de ley, y entre ellos el proyecto de ley de presupuestos; antes de su presentación ante la Cámara de representantes, sin perjuicio de lo dispuesto en el artículo 49 de esta Constitución;
- los decretos-leyes;
- los proyectos de decretos reglamentarios;
- los proyectos de decretos previstos en los artículos 65.2, 66 y 70.3 de esta Constitución;
- los tratados y convenios internacionales antes de someterlos al Consejo de Ministros;
- el nombramiento de los secretarios generales y los directores centrales de las administraciones públicas, los rectores de las Universidades, los decanos y directores de Facultades, Escuelas e Institutos superiores. La ley

orgánica prevista en el artículo 49 de esta Constitución puede completar la lista de funciones que provee el Consejo de gobierno y determinar, en particular, los principios y criterios para nombrar estos cargos, en especial, los de igualdad de oportunidades, mérito, competencia y transparencia.

El Jefe del Gobierno informa al rey de las conclusiones de las deliberaciones del Consejo de gobierno.

Artículo 93.

Cada uno de los ministros es responsable del sector que tiene encomendado y, en el marco de la solidaridad gubernamental, de la puesta en práctica del programa de gobierno.

Los ministros cumplen las misiones que les confía el Jefe del gobierno. Rinden cuentas ante el Consejo de gobierno.

Pueden delegar una parte de sus competencias a los secretarios de Estado.

Artículo 94.

Los miembros del gobierno son penalmente responsables ante las jurisdicciones del reino por los crímenes y delitos cometidos en el ejercicio de sus funciones.

La ley determina el procedimiento relativo a esta responsabilidad.

TÍTULO VI

LAS RELACIONES ENTRE LOS PODERES

Las relaciones entre el rey y el poder legislativo

Artículo 95.

El rey puede solicitar a ambas Cámaras del Parlamento que se proceda a una nueva lectura de cualquier proyecto o proposición de ley.

Esta solicitud de una nueva lectura se formula mediante un mensaje. La nueva lectura no puede ser rehusada.

Artículo 96.

Tras haber consultado con el presidente del Tribunal Constitucional y haber informado al Jefe del Gobierno, al presidente de la Cámara de representantes y al presidente de la Cámara de consejeros, el rey puede disolver por dahir una o ambas Cámaras.

La disolución tiene lugar después de que el rey dirija un mensaje a la nación.

Artículo 97.

La elección de un nuevo Parlamento o de una nueva Cámara tiene lugar, a lo más tarde, a los dos meses de la disolución.

Artículo 98.

Cuando se disuelve una Cámara, la que la suceda no puede ser disuelta hasta transcurrido un año de su elección, salvo que ninguna mayoría gubernamental emerja del seno de la Cámara de Representantes nuevamente elegida.

Artículo 99.

La declaración de guerra, decidida en Consejo de Ministros, conforme al artículo 49 de esta Constitución, tiene lugar después de una comunicación hecha por el rey al Parlamento.

Las relaciones entre el los poderes legislativo y ejecutivo

Artículo 100.

Cada semana, se reserva prioritariamente una sesión en cada Cámara para las preguntas de los miembros de ésta y las respuestas del gobierno.

El gobierno puede dar su respuesta en los veinte días siguientes a la fecha en la cual le fue formulada la pregunta.

El Jefe del Gobierno ofrece las respuestas a las preguntas de política general. Una sesión al mes se reserva para estas preguntas y las respectivas respuestas se presentan ante la Cámara correspondiente en los treinta días siguientes a la fecha de su transmisión al Jefe del gobierno.

Artículo 101.

El Jefe del gobierno presenta en el Parlamento un informe de situación de la acción gubernamental, por propia iniciativa o a petición de un tercio de los miembros de la Cámara de representantes o de la mayoría de los miembros de la Cámara de consejeros.

Anualmente el Parlamento reserva una sesión para la discusión y evaluación de las políticas públicas.

Artículo 102.

Las Comisiones afectadas en cada una de ambas Cámaras pueden solicitar la audición de los responsables de las administraciones y de los organismos y empresas públicas, con la presencia y bajo la responsabilidad de los ministros afectados.

Artículo 103.

El Jefe del gobierno puede comprometer la responsabilidad del gobierno ante la Cámara de representantes sobre una declaración de política general o la votación de un texto.

La confianza sólo puede rehusarse o el texto rechazarse por la mayoría absoluta de los miembros que componen la Cámara de representantes.

La votación sólo puede tener lugar tres días hábiles después de haber depositado la cuestión de confianza.

El rechazo de la confianza entraña la dimisión colectiva del gobierno.

Artículo 104.

El Jefe del gobierno puede disolver la Cámara de representantes por Decreto adoptado en Consejo de ministros, tras haber consultado al rey, al presidente de esa Cámara y al del Tribunal Constitucional.

El Jefe del gobierno presenta, ante la Cámara de representantes, una declaración relativa a los motivos y objetivos de la decisión de disolución.

Artículo 105.

La Cámara de representantes puede poner en cuestión la responsabilidad del gobierno mediante la votación de una moción de censura. Esta sólo es admisible si se halla firmada al menos por una quinta parte de los miembros que componen la Cámara.

La moción de censura sólo puede ser aprobada por la Cámara de representantes mediante el voto de la mayoría absoluta de los miembros que la componen.

El voto sólo puede tener lugar tres días hábiles después de presentada la moción. El voto de censura entraña la dimisión colectiva del gobierno.

Cuando el gobierno ha sido censurado por la Cámara de representantes, no se admite otra moción de censura en esa Cámara en el transcurso de un año.

Artículo 106.

La Cámara de consejeros puede interpelar al gobierno mediante una moción firmada por al menos un quinto de sus miembros. Está moción sólo puede votarse tres días hábiles después de haber sido depositada y por mayoría absoluta de los miembros de la Cámara.

El texto de la moción de interpelación se dirige en primer lugar por el presidente de la Cámara de consejeros al Jefe del gobierno, que dispone de seis días para presentar ante la Cámara su respuesta a la que sigue un debate sin votación.

TÍTULO VII

EL PODER JUDICIAL

La independencia de la justicia

Artículo 107.

El poder judicial es independiente del poder legislativo y del poder ejecutivo.

El rey es el garante de la independencia del poder judicial.

Artículo 108.

Los magistrados de carrera son inamovibles.

Artículo 109.

Queda proscrita cualquier intervención en los asuntos sometidos a la justicia. En su función judicial, el juez no podrá recibir órdenes o instrucciones, ni estar sometido a ninguna presión.

Cada vez que estime que su independencia está amenazada el juez debe requerir al Consejo Superior del Poder Judicial.

Toda infracción por el juez de sus deberes de independencia y de imparcialidad constituye una falta disciplinaria grave, sin perjuicio de las eventuales consecuencias judiciales.

La ley sanciona a quien intente influir en el juez de manera ilícita.

Artículo 110.

Los magistrados de carrera sólo están obligados a la aplicación de la ley. Las decisiones de la justicia se fundamentan sólo en la aplicación imparcial de la ley.

Los fiscales deben aplicar el Derecho y deben atenerse a las instrucciones escritas emanadas de la autoridad jerárquica.

Artículo 111.

Los magistrados gozan de libertad de expresión, compatible con su deber de reserva y la ética judicial.

Pueden pertenecer a asociaciones o crear asociaciones profesionales, siempre que respeten los deberes de imparcialidad y de independencia y en las condiciones previstas por la ley.

No pueden afiliarse a partidos políticos u organizaciones sindicales.

Artículo 112.

El estatuto de los magistrados está fijado por una ley orgánica.

El Consejo Superior del Poder Judicial

Artículo 113.

El Consejo Superior del Poder Judicial vela por la aplicación de las garantías otorgadas a los magistrados, en especial en cuanto a su independencia, su propuesta de nombramiento, su ascenso, su jubilación y su disciplina.

Por iniciativa suya, elabora informes sobre la situación de la justicia y del sistema judicial y presenta las recomendaciones apropiadas sobre la materia.

A petición del rey, del Gobierno o del Parlamento, el Consejo emite dictámenes detallados sobre cualquier cuestión relacionada con la justicia, salvaguardando el principio de separación de poderes.

Artículo 114.

Las decisiones individuales del Consejo Superior del Poder Judicial son susceptibles de recurso por desviación de poder ante la más alta jurisdicción contencioso-administrativa del reino.

Artículo 115.

El Consejo Superior del Poder Judicial, está presidido por el rey y se halla compuesto por:

- El presidente del Tribunal de Casación en calidad de presidente por delegación;
- El Fiscal General del Rey ante el Tribunal de Casación;
- El presidente de la Sala Primera del Tribunal de Casación;
- 4 representantes elegidos, entre ellos, por los magistrados de los tribunales de apelación;
- 6 representantes elegidos, entre ellos, por los magistrados de las jurisdicciones de primera instancia;
- Entre los diez miembros elegidos, debe asegurarse una representación de las mujeres magistradas, en proporción a su presencia en el cuerpo de la magistratura;
- El Defensor del Pueblo;
- El Presidente del Consejo Nacional de los Derechos Humanos;
- 5 personalidades nombradas por el rey, reconocidos por su competencia, su imparcialidad, su probidad y su distinguida aportación a favor de la independencia de la justicia y de la primacía del Derecho, de entre los cuales un miembro debe ser propuesto por el Secretario General del Consejo Superior de Ulemas.

Artículo 116.

El Consejo Superior del Poder Judicial celebra, al menos, dos sesiones al año.

Dispone de autonomía administrativa y financiera.

En materia disciplinaria, el Consejo Superior del Poder Judicial está asistido por magistrados-inspectores experimentados.

La elección, organización y funcionamiento del Consejo Superior del Poder Judicial, así como los criterios relativos a la gestión de la carrera de los magistrados y las reglas de procedimiento disciplinario son fijadas por una ley orgánica.

En los asuntos relativos a los fiscales, el Consejo Superior del Poder Judicial toma en consideración los informes de evaluación emanados de la autoridad jerárquica de la que dependen.

Los derechos de los justiciables y las reglas de funcionamiento de la justicia

Artículo 117.

Es tarea del juez la protección de los derechos y libertades, de la seguridad jurídica de las personas y de los grupos, así como la aplicación de la ley.

Artículo 118.

Se garantiza el acceso a la justicia a toda persona para la defensa de sus derechos y de sus intereses protegidos por la ley.

Todo acto jurídico, de naturaleza reglamentaria o individual, tomado en materia administrativa, puede ser objeto de recurso ante la jurisdicción contencioso-administrativa competente.

Artículo 119.

Todo detenido o acusado se presume inocente hasta que sea condenado por una decisión de la justicia que tenga fuerza de cosa juzgada.

Artículo 120.

Toda persona tiene derecho a un proceso equitativo y a una sentencia dictada en un plazo razonable.

Se garantizan los derechos de defensa ante cualquier jurisdicción.

Artículo 121.

En los casos previstos por la ley la justicia es gratuita para aquellos que no dispongan de recursos suficientes para entablar un proceso.

Artículo 122.

Los daños causados por un error judicial dan lugar a derecho a reparación a cargo del Estado.

Artículo 123.

Las audiencias son públicas, salvo que la ley disponga otra cosa.

Artículo 124.

Las sentencias se dictan y se ejecutan en nombre del rey en virtud de la ley.

Artículo 125.

Toda sentencia será motivada y pronunciada en audiencia pública en las condiciones previstas por la ley.

Artículo 126.

Las sentencias definitivas se imponen a todos.

Las autoridades públicas deben aportar la asistencia necesaria cuando ello les sea requerido durante el proceso. Deben igualmente prestar su asistencia a la ejecución de las sentencias.

Artículo 127.

Las jurisdicciones ordinarias o especializadas son creadas por la ley.

No puede crearse ninguna jurisdicción de excepción.

Artículo 128.

La policía judicial actúa bajo la autoridad del ministerio público y de los jueces de instrucción para todo lo relativo a las investigaciones o indagaciones necesarias para la búsqueda de las infracciones, la detención de los delincuentes y el establecimiento de la verdad.

TÍTULO VIII.
EL TRIBUNAL CONSTITUCIONAL

Artículo 129.

Se instituye un Tribunal Constitucional.

Artículo 130.

El Tribunal Constitucional se compone de doce miembros, nombrados por un período de nueve años no renovable. Seis miembros son designados por el rey, de los cuales uno debe ser propuesto por el Secretario General del Consejo Superior de los Ulemas, y los seis miembros restantes son elegidos, mitad por la Cámara de Representantes, mitad por la Cámara de Consejeros, entre los candidatos presentados por la Mesa de cada Cámara, a resultas de una votación secreta y por mayoría de dos tercios de los componentes de cada Cámara.

Si las dos Cámaras del Parlamento o una de ellas no elige los miembros precitados en el plazo requerido para la renovación, el Tribunal sigue ejerciendo sus competencias y emitiendo sus decisiones sobre la base de un quórum que no toma en cuenta los miembros aún no elegidos.

Cada categoría de miembros es renovable por tercios cada tres años.

El Presidente del Tribunal Constitucional es nombrado por el Rey entre los miembros que componen el Tribunal.

Los miembros del Tribunal Constitucional son elegidos entre personalidades que dispongan de una alta formación en materia jurídica y de una competencia judicial, doctrinal o administrativa, habiendo ejercido su profesión durante más de quince años y reconocidos por su imparcialidad y su probidad.

Artículo 131.

Una ley orgánica determina las reglas de organización y funcionamiento del Tribunal Constitucional así como el procedimiento que se sigue ante él y la situación de sus miembros.

Determina igualmente las funciones incompatibles, en particular las relativas a las profesiones liberales, fija las condiciones para las dos primeras renovaciones trienales y las modalidades de sustitución de los miembros inhabilitados, dimisionarios o fallecidos a lo largo de su mandato.

Artículo 132.

El Tribunal Constitucional ejerce sus funciones que le son atribuidas por los artículos de la Constitución y las disposiciones de las leyes orgánicas.

Las leyes orgánicas antes de su promulgación y los reglamentos de la Cámara de Representantes y de la Cámara de Consejeros, antes de su entrada en vigor, deben ser sometidos al Tribunal Constitucional que se pronuncia sobre su conformidad a la Constitución.

A tales fines, las leyes, antes de su promulgación, pueden ser presentadas ante el Tribunal Constitucional por el rey, el jefe del Gobierno, el presidente de la Cámara de representantes, el presidente de la Cámara de Consejeros o por cincuenta miembros de la Cámara de representantes o cuarenta miembros de la Cámara de consejeros.

En los casos previstos en el párrafo segundo y tercero de este artículo, el Tribunal Constitucional resuelve en el plazo de un mes a contar desde la presentación de la demanda. En todo caso, el Tribunal puede resolver más allá de ese plazo, por decisión motivada, en el caso en que el número de recursos o su naturaleza así lo exija.

Artículo 133.

El Tribunal Constitucional es competente para conocer de la cuestión de inconstitucionalidad planteada en el curso de un proceso, cuando una de las partes sostenga que la ley de la que depende el fallo del litigio, atenta a los derechos y libertades garantizados por la Constitución.

Una ley orgánica fija las condiciones y modalidades de aplicación del presente artículo.

Artículo 134.

Una disposición declarada inconstitucional sobre el fundamento del artículo 132 de la presente Constitución no puede ser promulgada ni puesta en aplicación. Una disposición declarada inconstitucional sobre el fundamento del artículo 133 queda derogada a partir de la fecha fijada por el Tribunal en su decisión.

Las decisiones del Tribunal Constitucional no son susceptibles de ningún recurso. Se imponen a todos los poderes públicos y a todas las autoridades administrativas y jurisdiccionales.

TÍTULO IX.

LAS REGIONES Y DE LAS COLECTIVIDADES TERRITORIALES

Artículo 135.

Las colectividades territoriales del Reino son las regiones, las prefecturas, las provincias y los municipios.

Son personas jurídicas de derecho público y gestionan democráticamente sus asuntos.

Los Consejos de las regiones y de los municipios se eligen por sufragio universal directo.

Cualquier otra colectividad territorial será creada, en su caso, por la ley, en sustitución de una o varias de las colectividades mencionadas en el párrafo primero.

Artículo 136

La organización territorial del Reino reposa sobre los principios de libre administración, de cooperación y de solidaridad. Asegura la participación de las poblaciones afectadas en la gestión de sus asuntos y favorece su contribución al desarrollo humano integrado y durable.

Artículo 137.

Las regiones y otras colectividades territoriales participan en la ejecución de la política general del Estado y en la elaboración de las políticas territoriales a través de sus representantes en la Cámara de los Consejeros.

Artículo 138.

Los presidentes de los Consejos regionales y los presidentes de las demás colectividades territoriales ejecutan las deliberaciones y decisiones de esos Consejos.

Artículo 139.

Los Consejos de las regiones y los consejos de las otras colectividades territoriales establecen mecanismos participativos de diálogo y de concertación para favorecer la implicación de las ciudadanas y de los ciudadanos y de las asociaciones en la elaboración y el seguimiento de los programas de desarrollo.

Las ciudadanas y los ciudadanos y las asociaciones pueden ejercer el derecho de petición para solicitar la inscripción en el orden del día del Consejo de una cuestión de su competencia.

Artículo 140.

Sobre la base del principio de subsidiariedad, las colectividades territoriales tienen competencias propias, competencias compartidas con el Estado y aquellas que les sean transferibles por este último.

Las regiones y las demás colectividades territoriales disponen, en sus ámbitos respectivos de competencia y de territorio de poder reglamentario para el ejercicio de sus competencias.

Artículo 141.

Las regiones y otras colectividades territoriales disponen de recursos financieros propios y de recursos financieros afectados por el Estado.

Toda transferencia de competencias del Estado hacia las colectividades territoriales debe acompañarse de una transferencia de los recursos correspondientes.

Artículo 142.

Se crea, para un período determinado, en beneficio de las regiones, un fondo de nivelación social destinado a la reabsorción de los déficits en materia de desarrollo humano, de infraestructuras y de equipamientos.

Se crea, además, un fondo de solidaridad interregional dirigido a un reparto equitativo de los recursos con vistas a reducir las disparidades entre las regiones.

Artículo 143.

Ninguna colectividad territorial puede ejercer tutela sobre otra.

En la elaboración y seguimiento de los programas regionales de desarrollo y de los planes regionales de ordenación del territorio, la región tiene asegurado, bajo el impulso del presidente del Consejo regional, un papel preeminente en relación a las otras colectividades y en el respeto a las competencias propias de éstas últimas.

Cuando el concurso de varias colectividades territoriales sea necesario para la realización de un proyecto, las colectividades afectadas convendrán las modalidades de su cooperación.

Artículo 144.

Las colectividades territoriales pueden constituir agrupamientos con objeto de compartir los medios y los programas.

Artículo 145.

En las colectividades territoriales, los gobernadores de las regiones, de las provincias y de las prefecturas representan al poder central.

En nombre del gobierno, aseguran la aplicación de las leyes, ejecutan los reglamentos y decisiones gubernamentales y ejercen el control administrativo.

Los gobernadores asisten a los presidentes de las colectividades territoriales y en especial a los presidentes de los Consejos regionales en la puesta en práctica de los planes y programas de desarrollo.

Bajo la autoridad de los ministros afectados, coordinan las actividades de los servicios desconcentrados de la administración central y velan por su buen funcionamiento.

Artículo 146.

Una ley orgánica fija, en especial:

- Las condiciones de gestión democrática de sus asuntos por las regiones y las demás colectividades territoriales, el número de consejeros, las reglas relativas a la elegibilidad, a las incompatibilidades y a los casos de prohibición de acumulación de cargos electivos, así como el régimen electoral y las disposiciones dirigidas a asegurar una mejor participación de las mujeres en el seno de los Consejos;

- Las condiciones de ejecución de las deliberaciones y decisiones de los Consejos regionales y de las demás comunidades territoriales, conforme a las disposiciones del artículo 138;
- Las condiciones de ejercicio del derecho de petición previsto en el artículo 139;
- Las competencias propias, las competencias compartidas con el Estado y aquellas que son transferibles en beneficio de las regiones y de las demás colectividades territoriales previstas en el artículo 140;
- El régimen financiero de las regiones y de las demás colectividades territoriales;
- El origen de los recursos financieros de las regiones y de las demás colectividades territoriales, conforme al artículo 141;
- Los recursos y las modalidades de funcionamiento de los fondos de nivelación social y de solidaridad interregional previstos en el artículo 142;
- Las condiciones y las modalidades de constitución de los agrupamientos contemplados en el artículo 144;
- Las disposiciones para favorecer el desarrollo de la inter-comunitariedad, así como los mecanismos destinados a asegurar la adaptación de la organización territorial en este sentido;
- Las reglas de gobierno relativas al buen funcionamiento de la libre administración, al control de la gestión de los fondos y los programas, a la evaluación de las acciones y a la rendición de cuentas.

TÍTULO X
EL TRIBUNAL DE CUENTAS

Artículo 147.

El Tribunal de Cuentas es la institución superior de control de las finanzas públicas del Reino. Su independencia está garantizada por la Constitución.

El Tribunal de Cuentas tiene por misión la protección de los principios y valores del buen gobierno, la transparencia y la rendición de cuentas del Estado y de los organismos públicos.

El Tribunal de Cuentas está encargado de asegurar el control superior de la ejecución de las leyes financieras. Asegura la regularidad de las operaciones de ingresos y gastos de los organismos sometidos a su control en virtud de la ley y valora su gestión. Sanciona, si es el caso, las infracciones de las reglas que rigen dichas operaciones.

El Tribunal de Cuentas controla y asegura el seguimiento de las declaraciones de patrimonio, audita las cuentas de los partidos políticos y verifica la regularidad de los gastos de las operaciones electorales.

Artículo 148.

El Tribunal de Cuentas asiste al Parlamento en materia de control de las finanzas públicas. Responde a las cuestiones y consultas en relación con las funciones de legislación, de control y de evaluación ejercidas por el Parlamento y relativas a las finanzas públicas.

El Tribunal de Cuentas aporta su asistencia a las instancias judiciales.

El Tribunal de Cuentas asiste al gobierno en materias de su competencia en virtud de la ley.

Publica el conjunto de sus trabajos, incluidos los informes particulares y las decisiones jurisdiccionales.

Somete al rey un informe anual sobre el conjunto de sus actividades, que transmite también al jefe del Gobierno y a los presidentes de las dos cámaras del Parlamento. Este informe se publica en el Boletín Oficial del Reino.

Su Presidente presenta ante el Parlamento una exposición sobre las actividades del Tribunal, seguido de un debate.

Artículo 149.

Los tribunales regionales de cuentas están encargados de asegurar el control de las cuentas y de la gestión de las regiones y de las demás colectividades territoriales y de sus gobiernos.

Sancionan, si es el caso, las infracciones a las reglas que rigen las operaciones financieras públicas.

Artículo 150.

La composición, organización, competencias y modalidades de funcionamiento del Tribunal de Cuentas y de los tribunales regionales de cuentas están fijadas por la ley.

TÍTULO XI.
EL CONSEJO ECONÓMICO, SOCIAL Y MEDIOAMBIENTAL

Artículo 151.

Se instituye un Consejo económico, social y medioambiental.

Artículo 152.

El Consejo económico, social y medioambiental puede ser consultado por el gobierno, por la Cámara de representantes y por la Cámara de consejeros sobre cualquier cuestión de carácter económico, social o medioambiental.

Emite su opinión sobre las orientaciones generales de la economía nacional y del desarrollo sostenible.

Articulo 153.

La composición, organización, competencias y modalidades de funcionamiento del Consejo económico, social y medioambiental están fijadas por una ley orgánica.

TÍTULO XII.

EL BUEN GOBIERNO

Principios generales

Artículo 154.

Los servicios públicos están organizados sobre la base del acceso igual de las ciudadanas y de los ciudadanos, de la cobertura equitativa del territorio nacional y de la continuidad de las prestaciones.

Están sometidos a las normas de calidad, de transparencia, de rendición de cuentas y de responsabilidad, y se rigen por los principios y valores democráticos consagrados en la Constitución.

Artículo 155.

Sus agentes ejercen sus funciones según los principios de respeto a la ley, neutralidad, transparencia, probidad e interés general.

Artículo 156.

Los servicios públicos están a la escucha de sus usuarios y aseguran el seguimiento de sus observaciones, proposiciones y quejas.

Rinden cuenta de la gestión de sus dineros públicos conforme a la legislación en vigor y están sometidos, a este respecto, a las obligaciones de control y de evaluación.

Artículo 157.

Una carta de los servicios públicos fija el conjunto de las reglas de buen gobierno relativas al funcionamiento de las administraciones públicas, de las regiones y de las demás colectividades territoriales.

Artículo 158.

Toda persona, electa o designada, que ejerza un cargo público debe presentar, conforme a las modalidades establecidas por la ley, una declaración escrita de los bienes y activos que posea, directa o indirectamente, cuando asuma las funciones, a lo largo de su actividad y cuando cese en ella.

Artículo 159.

Las instancias encargadas del buen gobierno son independientes. Se benefician del apoyo de los órganos del Estado. La ley podrá, si es necesario, crear otras instancias de regulación y de buen gobierno.

Artículo 160.

Todas las instituciones e instancias contempladas en los artículos 161 a 170 de la presente Constitución deben presentar un informe sobre sus actividades al menos una vez al año. Estos informes se presentan ante el Parlamento y son objeto de debate.

Las instituciones e instancias de protección de los derechos y libertades, del buen gobierno, del desarrollo humano y sostenible y de la democracia participativa.

Las instancias de protección y promoción de los derechos humanos

Artículo 161.

El Consejo nacional de derechos humanos es una institución nacional pluralista e independiente encargada de conocer de todas las cuestiones relativas a la defensa y protección de los derechos humanos y de las libertades, de la garantía de su pleno ejercicio y de su promoción, así como de la preservación de la dignidad, de los derechos y de las libertades individuales y colectivas de las ciudadanas y de los ciudadanos y ello con estricto respeto de los referentes nacionales y universales en la materia.

Artículo 162.

El Defensor del Pueblo es una institución nacional independiente y especializada que tiene por misión, en el marco de las relaciones entre la administración y sus usuarios, defender los derechos, contribuir a reforzar la primacía de la ley y difundir los principios de justicia y equidad y los valores de moralización y de transparencia en la gestión de las administraciones, de los establecimientos públicos, de las colectividades territoriales y de los organismos dotados de prerrogativas de poder público.

Artículo 163.

El Consejo de la Comunidad marroquí en el extranjero se encarga en especial de emitir dictámenes sobre las orientaciones de las políticas públicas que permitan asegurar a los marroquíes residentes en el extranjero el mantenimiento de estrechos lazos con su identidad marroquí, las medidas que tengan por objetivo garantizar sus derechos y preservar sus intereses, así como contribuir al desarrollo humano y sostenible de su país de origen y a su progreso.

Artículo 164.

La autoridad encargada de la paridad y de la lucha contra cualquier forma de discriminación, creada en virtud del artículo 19 de la presente Constitución vela en especial por el respeto de los derechos y libertades previstas en ese mismo artículo, sin perjuicio de las competencias otorgadas al Consejo nacional de derechos humanos.

Las instancias de buen gobierno y de regulación

Artículo 165.

La Alta autoridad de la comunicación audiovisual es una institución encargada de velar por el respeto de la expresión pluralista de las corrientes de opinión y de pensamiento y del derecho a la información en materia audiovisual, con respeto de los valores civilizacionales fundamentales y de las leyes del reino.

Artículo 166.

El Consejo de la competencia es una autoridad administrativa independiente encargada, en el marco de la organización de la libre y leal competencia, de asegurar la transparencia y la equidad en las relaciones económicas, en especial a través del análisis y la regulación de la competencia sobre los mercados, el control de las prácticas contrarias a la competencia o desleales y de las operaciones de concentración económica y de monopolio.

Artículo 167.

La instancia nacional de probidad y de lucha contra la corrupción, creada en virtud del artículo 36, tiene por misión, en especial, coordinar, supervisar y asegurar el seguimiento de la puesta en práctica de las políticas de prevención y de lucha contra la corrupción, de recoger y difundir las informaciones sobre esta materia, de contribuir a la moralización de la vida pública y de consolidar los principios de buen gobierno, la cultura del servicio público y los valores de ciudadanía responsable.

Instancias de promoción del desarrollo humano y sostenible y de la democracia participativa

Artículo 168.

Se crea un Consejo Superior de la educación, de la formación y de la investigación científica. Este Consejo constituye una instancia consultiva encargada de emitir su opinión sobre todas las políticas públicas y sobre todas las cuestiones de interés nacional relativas a la educación, la formación y la investigación científica, así como sobre los objetivos y el funcionamiento de los servicios públicos encargados de estas materias.

Artículo 169.

El Consejo consultivo de la familia y la infancia, creado en virtud del artículo 32 de la presente Constitución, tiene por misión asegurar el seguimiento de la situación de la familia y de la infancia, emitir su dictamen sobre los planes nacionales relativos a estas materias, animar el debate público sobre la política familiar y asegurar el seguimiento de la realización de los programas nacionales iniciados por los diferentes departamentos, estructuras y organismos competentes.

Artículo 170.

El Consejo de la juventud y de la acción asociativa, creado en virtud del artículo 33 de la presente Constitución, es una instancia consultiva en materias de protección de la juventud y de la promoción de la vida asociativa. Está encargado de estudiar y de seguir las cuestiones de interés para estas materias y formular proposiciones sobre cualquier asunto de orden económico, social y cultural de interés directo para los jóvenes y la acción asociativa, así como el desarrollo de energías creativas de la juventud, y su incitación a la participación en la vida nacional en un espíritu de ciudadanía responsable.

Artículo 171.

Las leyes fijarán la composición, organización, competencias y reglas de funcionamiento de las instituciones e instancias previstas en los artículos 161 a 170 de la presente Constitución y, si es el caso, los casos de incompatibilidad.

TÍTULO XIII.

LA REFORMA DE LA CONSTITUCIÓN

Artículo 172.

La iniciativa de revisión de la Constitución corresponde al rey, al jefe del Gobierno, a la Cámara de representantes y a la Cámara de Consejeros.

El rey puede someter directamente a referéndum el proyecto de revisión sobre el que tome la iniciativa.

Artículo 173.

La proposición de revisión emanada de uno o de varios miembros de una de las dos Cámaras del parlamento sólo puede ser adoptada por voto favorable de una mayoría de dos tercios de los miembros que la compongan.

Esta proposición se somete a la otra Cámara que la adopta por la misma mayoría de dos tercios de sus componentes.

La proposición emanada del jefe del Gobierno se somete al Consejo de ministros, tras deliberación en el Consejo de Gobierno.

Artículo 174.

Los proyectos y proposiciones de revisión de la Constitución se someten a referéndum mediante dahir.

La revisión de la Constitución es definitiva tras haber sido aprobada mediante referéndum.

El rey puede, mediante dahir y después de haber consultado con el presidente del Tribunal Constitucional, someter al parlamento un proyecto de revisión de ciertas disposiciones de la Constitución.

El Parlamento, convocado por el rey en sesión conjunta de ambas Cámaras, la aprueba por mayoría de dos tercios de los miembros del Parlamento.

El reglamento interior de la Cámara de representantes fija las modalidades de aplicación de esta disposición.

El Tribunal Constitucional controla la regularidad del procedimiento de esta revisión y proclama los resultados.

Artículo 175.

Ninguna revisión puede afectar a las disposiciones relativas a la religión musulmana, la forma monárquica del Estado, la opción de la nación a favor de la democracia o el acervo en materia de libertades y derechos inscritos en la presente Constitución.

TÍTULO XIV.

DISPOSICIONES TRANSITORIAS Y FINALES

Artículo 176.

Hasta la elección de las Cámaras del Parlamento previstas en la presente Constitución, las Cámaras actualmente en funcionamiento continuarán ejerciendo sus competencias, en especial para votar las leyes necesarias para el establecimiento de las nuevas Cámaras del Parlamento, sin perjuicio de la aplicación del artículo 51 de la presente Constitución.

Artículo 177.

El Consejo Constitucional actualmente en funcionamiento continuará ejerciendo sus competencias a la espera del establecimiento del Tribunal Constitucional previsto en la presente Constitución.

Artículo 178.

El Consejo Superior de la Magistratura, actualmente en funcionamiento, continuará ejerciendo sus competencias hasta el establecimiento del Consejo Superior del Poder Judicial previsto por la presente Constitución.

Artículo 179.

Los textos en vigor relativos a las instituciones e instancias citadas en el Título XII, así como los relativos al Consejo Económico Social y al Consejo Superior de la Enseñanza, continúan en vigor hasta su sustitución, conforme a las disposiciones de la presente Constitución.

Artículo 180.

A salvo de las disposiciones transitorias previstas en este Título, queda derogado el texto de la Constitución revisada, promulgada por dahir nº 1-96-157 de 23 Yumada I de 1417 H (7 de octubre de 1996).

II. RESULTADOS PROVISIONALES DEL REFERÉNDUM DE 1 DE JULIO DE 2011 ANUNCIADOS POR EL MINISTRO DEL INTERIOR EL 2 DE JULIO[290]

El 98,50% de los votantes dijeron Sí al proyecto de la nueva constitución (Cherqaoui)

Rabat- El número de votantes que se pronunciaron a favor del proyecto de la nueva constitución alcanzó 9.653.492, es decir el 98,50%, según los resultados provisionales del referéndum constitucional del viernes, indicó, hoy sábado, el ministro de Interior, Taieb Cherqaoui.

El número de los votantes que se expresaron contra el proyecto ascendió a 146.718 electores, es decir el 1,5%, subrayó el ministro en una declaración a la prensa.

Según los resultados provisionales del referéndum tal y como fueron proclamados por los 39.969 colegios electorales creados sobre el conjunto del territorio nacional, el número de los inscritos fue de 13.451.404 electores, entre ellos 9.881.922 votantes, es decir una tasa de participación del 73,46%, agregó el ministro.

Los boletos nulos eran del orden de 81.712, mientras que los votos válidos eran 9.800.210, dijo.

Las tasas de participación registradas a nivel de las regiones son los siguientes:

- región de Rabat-Salé-Zemmour-Zaïr: 72,39%.

- región de Gran Casablanca: 57,17%.

- región Souss-Massa-Draa: 74,51%.

- región Taza-Al Hoceima[291]-Taounat: 81,10%.

- región Tadla-Azilal: 79,85%.

---

[290] Reproduzco los datos provisionales del referéndum tal y como fueron publicados por la agencia oficial de prensa marroquí en español:
http://www.map.ma/fr/sections/politique/9850_des_votants_on/view

[291] El topónimo correcto en español es "Alhucemas"

- región Fez-Bouleman: 76,31%.
- región Guelmim-Smara[292]: 86,76%.
- región El Gharb-Chrarda-B'ni Hssen: 74,26%.
- región Laayún-Boujdour-Sakia Al Hamra[293]: 84,05%.
- región Marrakech-Tensift-El Haouz: 80,88%.
- región Mequinez-Tafilalet: 74,60%.
- región Oued Eddahab-Lagouira[294]: 92,19%.
- región del Oriental: 63,99%.
- región Doukkala-Abda: 80,06%.
- región Chaouia-Ouerdigha: 77,67%.
- región Tánger-Tetuán: 71,50%.

El ministro destacó que estos datos indican que esta consulta referendaria constituyó para las ciudadanas y ciudadanos de nuestras provincias del sur una nueva ocasión para reiterar su apego a su patria y a la integridad territorial del Reino así como su adhesión total y entera a las grandes reformas iniciadas por SM el Rey Mohammed VI.

Cherqaoui precisó que se trata de los resultados provisionales, en espera de los resultados del voto de la comunidad marroquí residente en el extranjero.

Conforme al código electoral y a la ley orgánica relativa al Consejo Constitucional, estos resultados quedan provisionales, a sabiendas de que el Consejo Constitucional es el único habilitado para proclamar el resultado final del referéndum constitucional, afirmó.

Última modificación 02/07/2011 14:25

[292] Esta región ocupa el sur de Marruecos en sus fronteras internacionalmente reconocidas y una parte del norte del Sahara Occidental ocupado por Marruecos.

[293] El topónimo correcto en español es "El Aaiún-Bojador-Saguia el Hamra". Es la parte norte del territorio del Sahara Occidental ocupado por Marruecos

[294] El topónimo correcto en español es "Río de Oro-La Güera". Es la parte sur del territorio del Sahara Occidental ocupado por Marruecos.

III. RESULTADOS PROVISIONALES DEL REFERÉNDUM ENTRE LOS MARROQUÍES RESIDENTES EN EL EXTRANJERO, ANUNCIADOS POR EL MINISTERIO DE ASUNTOS EXTERIORES Y DE LA COOPERACIÓN EL 4 DE JULIO[295]

Referéndum: 96,05 % de los votos emitidos por los MRE en favor del proyecto de Constitución (MAEC)

Rabat, 04/07/11- El número de marroquíes residentes en el extranjero (MRE) que se han pronunciado a favor del proyecto de nueva Constitución ha alcanzado 255.783, es decir, el 96'05% de los votos emitidos en los 526 colegios electorales abiertos a través del mundo, indica un comunicado del ministerio de Asuntos Exteriores y de la Cooperación, recibido el lunes en la MAP.

Estos resultados son provisionales, dado que los resultados definitivos y oficiales serán declarados por el Consejo Constitucional, precisa la misma fuente, añadiendo que las actas correspondientes serán objeto de valija diplomática especial, para su transmisión al Consejo Constitucional.

Entre los 266.301 votantes MRE, sólo 8.061, o sea, el 3'03 % se han expresado contra el proyecto, indica el comunicado, que da cuenta de 2.547 votos nulos (0'92 %).

"Esta participación en este referéndum histórico es tanto más significativa cuanto que la nueva Constitución confirma la plena ciudadanía de los marroquíes del mundo y consagra su contribución a las diferentes instituciones nacionales, tal y como prevé el nuevo texto", advierte el ministerio.

Conforme a las disposiciones del código electoral, la consulta referendaria se ha abierto a los marroquíes inscritos en las misiones diplomáticas y puestos consulares y a los marroquíes residentes en el extranjero que tengan al menos 18 años en el momento del voto.

---

[295] Traducción mía del texto oficial francés difundido por la agencia oficial de prensa de Marruecos; "Référendum : 96,05 pc des votes exprimés par les MRE, en faveur du projet de Constitution (MAEC)", *Maghreb Arab Press –MAP* (4-VII-2011): http://www.map.ma/fr/sections/lire_aussi/referendum___9605_p/view

A este objeto se han desplegado los medios humanos, materiales y logísticos necesarios para el desarrollo del escrutinio en los 526 colegios electorales abiertos a través del mundo, entre los cuales 148 en Francia, 87 en España, 74 en Italia, 32 en Holanda, 21 en Bélgica y 164 otros colegios electorales a través del mundo.

"En su preocupación por la proximidad y la facilidad, estos colegios han sido abiertos en las cancillerías diplomáticas y consulares y en los lugares elegidos en función del reparto geográfico de los MRE", explica el comunicado, que recuerda que el voto ha sido extendido durante tres días para permitir a los MRE cumplir su deber nacional en las mejores condiciones posibles.

Última modificación, 04/07/2011 18:33

IV. DECISIÓN DEL CONSEJO CONSTITUCIONAL DE 16 DE JULIO DE 2011 PROCLAMANDO OFICIALMENTE LOS RESULTADOS DEL REFERÉNDUM DE 1 DE JULIO DE 2011[296]

"Alabanza a Dios,

El Consejo Constitucional

Conforme a la Constitución y a las leyes en vigor y en virtud del dahir de 17 de junio[297] sometiendo a referéndum el proyecto de Constitución, y después de conocer el Consejo Constitucional de todas las actas redactadas por los colegios electorales del reino (39.968 actas), de todas las actas de los colegios electorales establecidos en los consulados de los países donde se ha desarrollado el referéndum (526 actas) así como todos los documentos adjuntos.

Después de asegurarse de que las actas así como las listas de votantes han sido puestas a disposición de los votantes en las sedes de los municipios y los consulados, durante un período de cuatro días, a fin de que pudieran formular, en su caso, y conforme a la ley, sus reclamaciones a este respecto, ha quedado demostrado ante el Consejo que estas actas no son objeto de ninguna reclamación.

Después de haber verificado la exactitud de todas las actas a la luz de las disposiciones de la ley y del control del recuento general de los votos emitidos, y operadas ciertas rectificaciones, el Consejo Constitucional ha publicado su decisión nº 815, de fecha de 14 de julio de 2011 que certifica los resultados definitivos, oficiales y detallados del referéndum en los niveles de prefecturas y provincias del Reino, así como de las embajadas de Marruecos en el extranjero.

Los resultados generales de este referéndum son los siguientes:

- En el interior del Reino:

---

[296] Traduccción mía del texto oficial francés difundido por la agencia oficial de prensa de Marruecos; "Le Conseil constitutionnel annonce officiellement l'approbation du projet de Constitution", *Maghreb Arab Press –MAP* (17-VII-2011). El Decreto fue publicado posteriormente en el "*Bulletin Officiel*" del Reino de Marruecos, de 30 de julio de 2011.

[297] "julio", en el texto inicialmente publicado por la MAP (a las 10:56). Es claro que se trata de una errata.

Número de inscritos: 13.449.495

Número de votantes: 9.885.020

Votos nulos: 88.749

Votos válidos: 9.796.271

Votos "Sí": 9.650.237

Votos "No": 146.034

- Fuera del reino

Número de votantes: 269.646

Votos nulos: 2.494

Votos válidos: 267,152

Votos "Sí": 259.119

Votos "No": 8.033

Sobre esta base, los resultados totales en el interior como en el exterior son los siguientes:

Los votos válidos: 10.063.423

Votos "Sí": 9.909.356

Votos "No": 154.067

En función de estos resultados, el Consejo anuncia oficialmente que el pueblo marroquí ha aprobado por 9.990.356 votos contra 154.067 el proyecto de Constitución que le ha sido sometido a referéndum, el 1 de julio de 2011, por el rey Mohamed VI, que Dios le asista.

V. REACCIONES DE POLÍTICOS Y PERSONALIDADES ESPAÑOLAS ANTE EL NUEVO TEXTO MARROQUÍ.

Trinidad Jiménez García-Herrera, ministra de Asuntos Exteriores y de la Cooperación:

"La jefa de la Diplomacia española dijo que no existe peligro alguno de «contagio» a Marruecos tras el triunfo de la revolución en Túnez y la rebelión en marcha en Egipto. Según «Trini», el régimen de Rabat inició un proceso de reformas hace tiempo que le «hace diferente del resto de los países» árabes. Según ella, el «juego político» existente entre las formaciones políticas y los actores sociales hacen posible «canalizar las legítimas aspiraciones del pueblo marroquí»"

(La Razón, 3-II-2011)

Trinidad Jiménez García-Herrera, ministra de Asuntos Exteriores y de la Cooperación:

"La ministra de Asuntos Exteriores, Trinidad Jiménez, ha afirmado que la reforma constitucional anunciada por el rey Mohamed VI puede situar a Marruecos como "ejemplo" para otros países árabes que están inmersos en procesos de cambio. Ha asegurado que se trata de un "importante paso adelante" que permitirá a Marruecos consolidar "el proceso de transformación que inició hace unos años".

(...)

Según Jiménez, las reformas del país vecino le van a situar "en los procesos de vanguardia de transición y cambios" que hay en marcha en el mundo árabe.

"Considero que Marruecos se puede convertir en un ejemplo para los países de su entorno", ha subrayado."

(agencia EFE, 20-VI-2011)

Trinidad Jiménez García-Herrera, ministra de Asuntos Exteriores y de la Cooperación:

"El Ministerio de Asuntos Exteriores y de Cooperación así como la ministra, Trinidad Jiménez, se han felicitado este sábado por la "alta participación" en el referéndum que tuvo lugar ayer en

Marruecos y por el respaldo que ha dado el pueblo marroquí a la nueva constitución.

El 98,49 por ciento de los votantes han respaldado la reforma constitucional en una consulta en la que han participado el 72,65 por ciento de los marroquíes con derecho a voto, según datos oficiales difundidos por el Gobierno alauí.

"El civismo y madurez política que han mostrado los marroquíes a la hora de afrontar los cambios solicitados, así como las aspiraciones expresadas por la población, auguran lo mejor para el futuro de Marruecos", señala Exteriores en un comunicado.

"Un futuro que España quiere compartir", apunta la nota oficial, "no sólo por la vecindad geográfica de nuestros países sino también por el gran número de marroquíes que residen en España y que también se han pronunciado mayoritariamente a favor de la reforma constitucional""

(agencia Europa Press, 2-VII-2011)

Juan Fernando López Aguilar, eurodiputado, Catedrático de Derecho Constitucional y ex ministro de Justicia:

"El eurodiputado español subrayó, por otra parte, que las diferentes reformas emprendidas por Marruecos "merecen ser animadas y reconocidas".

Saludó, a este respecto, la aprobación de la nueva Constitución por el pueblo marroquí durante el referéndum del 1 de julio, añadiendo que esta nueva Ley fundamental "consagra" la igualdad de los derechos y la promoción de la situación de la mujer y refuerza el papel de las instituciones elegidas.

La nueva Constitución es un "paso en la buena dirección" para reforzar el proceso de reformas emprendido por Marruecos, señaló Lopez Aguilar, también presidente de la Comisión de las libertades civiles, justicia y asuntos interiores en el Parlamento europeo."

(MAP, 21-VII-2011)

Miguel Ángel Moratinos Cuyaubé, ex ministro de Asuntos Exteriores y de la Cooperación:

"El referéndum constitucional, que se desarrolló el 1 de julio en Marruecos, constituye un "paso histórico hacia el refuerzo de la

democracia", indicó hoy viernes en Assilah (norte) el ex ministro español de Asuntos Exteriores, Miguel Ángel Moratinos.

"Las reformas constitucionales en Marruecos constituyen un paso histórico y un evento que muestra la madurez política y democrática de toda la sociedad marroquí, bajo la dirección de SM el Rey Mohammed VI quien tomó la decisión de presentar un texto de revisión constitucional", declaró a la MAP, Moratinos, al margen de su participación en un coloquio sobre "las tecnologías de las energías renovables y nucleares y su impacto sobre los países del sur", organizado en el marco del 33 Mussem cultural internacional de Assilah.

Los ciudadanos marroquíes, que decidieron participar en el referéndum constitucional y votar "sí" a la constitución, quieren ser protagonistas del cambio del futuro de la sociedad, prosiguió, felicitando a SM el Rey, al gobierno y al pueblo marroquí que tomó en este momento un giro importante en toda la región con clarividencia y claridad de espíritu"

(MAP, 8-VII-2011).

Carlos Carnero González, embajador español en misión especial para la integración europea, ex eurodiputado:

"La nueva Constitución, aprobada masivamente por el pueblo marroquí en el referéndum del 1 de julio, constituye "avance muy importante y muy positivo" en la vía de la consolidación de la democracia en Marruecos, afirmó, hoy jueves en Madrid, Carlos Carnero González, embajador español en misión especial para la integración europea.

La nueva Ley fundamental marroquí representa también un "paso muy importante" para la consolidación del Estado de derecho y del proceso de reformas emprendido por el Reino hace varios años, añadió Carnero en una declaración a la MAP al margen de una conferencia sobre "La política europea de vecindad y las transformaciones en el mundo árabe".

El diplomático español puso de relieve, por otra parte, los avances realizados por Marruecos estos últimos años en diferentes dominios, recordando que los progresos cumplidos por el Reino han sido saludados por la comunidad internacional."

(MAP, 21-VII-2011).

Jordi Pujol, ex presidente de la Generalidad de Cataluña

"El ex Presidente de la región de Cataluña, Jordi Pujol saludó, hoy jueves en Rabat, los avances realizados en Marruecos, durante estos últimos años, en materia de desarrollo humano y social.

"He seguido con gran interés los cambios que tuvieron lugar durante los últimos años en Marruecos, en particular, a nivel social y de los derechos humanos", declaró Pujol a la MAP al cabo de una entrevista con la ministra de Desarrollo social, Familia y Solidaridad, Nouzha Skalli."

(MAP, 19-VI-2011)

Luis Rogelio Rodríguez-Comendador, alcalde de Almería:

"La nueva Constitución, aprobada masivamente por el pueblo marroquí durante el referéndum del 1º de julio, es un "paso importante" en el proceso de democratización de Marruecos, subrayó el alcalde de Almería, Luis Rogelio Rodríguez-Comendador.

Se trata de un "paso importante" que refuerza el papel del gobierno, del Parlamento y de los partidos políticos y que permitirá a los marroquíes integrarse cada vez más en la gestión de los asuntos locales, declaró Luis Rogelio a la MAP al margen de la apertura, el jueves, de una nueva agencia bancaria de Chaâbi Bank en Almería (Andalucía).

Marruecos, que franqueó importantes etapas hacia la consolidación del Estado de derecho, hace "verdaderamente la excepción a nivel del mundo árabe", subrayó"

(MAP, 8-VII-2011)

Josep María Sala, responsable de la formación y de la ciudadanía del Partido Socialista Catalán (PSC),

"Aseguró que "la participación masiva de los marroquíes en el referéndum constitucional es un salto cualitativo para el fortalecimiento de las libertades iniciadas por SM el Rey".

"Estamos orgullosos de la tasa de participación de los marroquíes registrada en Cataluña", se felicitó"

(MAP, 5-VII-2011)

Manuel Terol Becerra, Catedrático de Derecho Constitucional de la Universidad Pablo de Olavide de Sevilla

Madrid - La nueva Constitución aprobada masivamente por los marroquíes en el referéndum del 1 de julio, es "una de las más avanzadas" a nivel mundial, afirmó el académico español, Manuel José Terol Becerra.

La Ley Fundamental marroquí "responde a los niveles exigidos en el dominio constitucional, especialmente a nivel de la separación de los poderes y de la garantía de los derechos", explicó este especialista en derecho constitucional durante un encuentro organizado, el miércoles en Madrid, sobre " La nueva Constitución del Reino de Marruecos ".

Interviniendo ante un público compuesto de intelectuales y universitarios marroquíes y españoles, así como de miembros de la comunidad marroquí residente en España, Becerra precisó que esta Constitución ha sido "muy generosa, visto el número muy importante de los derechos fundamentales que garantiza", indicando que la amplia lista de los derechos sociales recogidos por la nueva Ley Fundamental marroquí es "poco encontrada" en los textos constitucionales de otros países.

Igualmente, este profesor-investigador en la Universidad Pablo Olavide de Sevilla subrayó que en esta nueva Constitución, todas las instituciones estatales son sometidas al Derecho, saludando, a este respecto, uno de los puntos destacados de la reforma relativo a la posibilidad concedida a todo ciudadano de reclamar ante el Tribunal Constitucional la no constitucionalidad de las leyes ya promulgadas

Marruecos forma parte de los países dotados de una Constitución escrita y no consuetudinaria, agregó en este encuentro organizado por la Revista marroquí de Administración Local y de Desarrollo (REMALD), agregando que el texto constitucional escrito establece las reglas de base y las ideas que rigen el Estado de derecho.

(MAP 8-VII-2011)

VI. TABLA COMPARATIVA DE LOS RESULTADOS OFICIALES DE LOS REFERENDA "CONSTITUCIONALES" CELEBRADOS EN MARRUECOS

	Participación	**Votos a favor del "sí"**
1962	85%	97'50%
1970	93'20%	98'70%
1972	92'90%	98'70%
1980 (23 de mayo)	94'46%	99'23%
1980 (30 de mayo)	90'81%	99'08%
1989	98'83%	99'98%
1992 (*)	97'4%	99'95%
1995	77'3%	99'6%
1996	83'95%	99'56%
2011(*)	73'50%	97'62%

(*) Resultados de la votación excluyendo las votaciones realizadas fuera de Marruecos y del territorio ocupado del Sahara Occidental.

Made in United States
Cleveland, OH
05 November 2026

47667148R00123